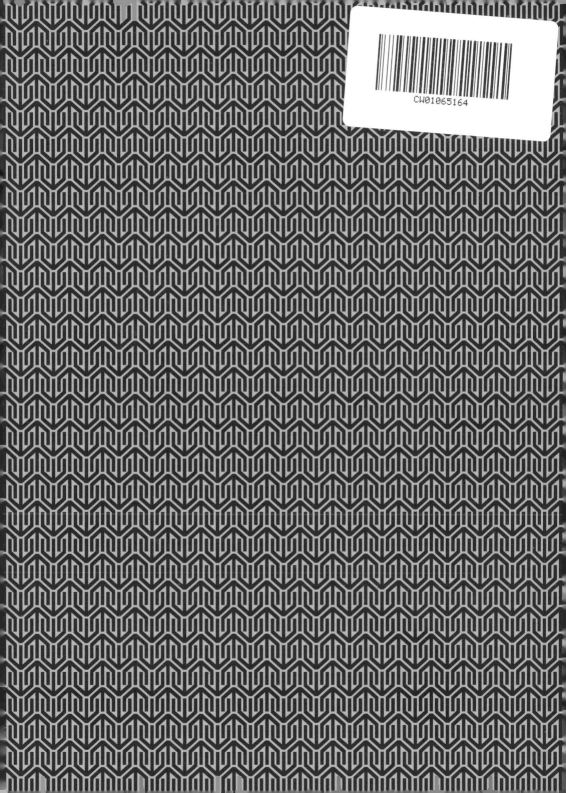

The Stadthaus 24 Murray Grove London N1 7QN

Published in 2009

Murray & Sorrell FUEL©
Design & Publishing
33 Fournier Street
London E1 6QE

www.fuel-design.com

Edited by: Andrew Waugh, Karl Heinz Weiss, Matthew Wells

Text © Henrietta Thompson
Photographs © Will Pryce

Printed in Belgium by 1455 Fine Art Printers

Distributed by Thames & Hudson
ISBN 978-0-9558620-6-9

A

PROCESS

REVEALED

AUF

DEM

HOLZWEG

CONTENTS

INHALT

Stadthaus ist ein etwas anderes, neungeschossiges Wohnhochhaus im Stadtteil Hackney, im Londoner Osten. Anders, weil das Stadthaus ab dem ersten Obergeschoss aufwärts vollständig aus Holz, Brettsperrholz gebaut ist. Bei seiner Fertigstellung war das Stadthaus das höchste Wohngebäude aus Brettsperrholz der Welt. Entworfen von Waugh Thistleton Architects, London, die Statik von Techniker Ltd, London, realisiert von KLH UK Ltd, London und gebaut für Telford Home PLC.

Anhand des Stadthaus demonstrieren Waugh Thistleton, dass die Verwendung von Brettsperrholz eine mögliche Antwort auf den massiven Bedarf Großbritanniens an zukunftsfähigem und gesellschaftsbezogenem Wohnraum ist. Das Stadthaus hat einen quadratischen Grundriss von 17m x 17m und beherbergt 29 Wohnungen: 19 Privatwohnungen, 9 subventionierte Mietwohnungen (Sozialwohnungen) und eine Eigentümergemeinschaftswohnung. Durch sein elegantes Design und seine sorgfältige Ausführung ist

Stadthaus is a nine-storey residential tower block in Hackney, East London. Constructed entirely from timber from the first floor upwards it was designed by Waugh Thistleton Architects. On its completion in 2008 it was the tallest timber residential building in the world.

INTRODUCTION

As a primary goal Waugh Thistleton set out to demonstrate through the project how the use of cross-laminated timber panels might be an answer to the UK's desperate need for sustainable, high density housing. Completed within budget for Telford Homes, Stadthaus occupies a site of 17 m x 17 m and houses twenty-nine apartments: nineteen private sale units; nine affordable tenancies and one shared ownership. It is a building that has been elegantly designed and carefully engineered to serve the needs of both its tenants and its surrounding community, complementing the East London skyline with a monochrome façade. More than that, Stadthaus is a pioneering example of architecture that points the way towards carbon-

EINLEITUNG

es dem Stadthaus möglich den Wünschen und Bedürfnissen sowohl seiner Bewohner, als auch Anwohner nachzukommen. Die Hausfassade, inspiriert von den monochrom grau-weiß-schwarzen Werken des Malers Gerhard Richter, steht im Einklang mit der Großstadtsilhouette des Londoner Ostens. Darüber hinaus ist das Stadthaus ein bahnbrechendes Beispiel für eine nachhaltigen Architektur und ein wegweisendes Beispiel einer CO_2 neutralen oder sogar CO_2 positiven Bauweise.

Wohngebäude dieser Art werden in Großbritannien üblicherweise als Stahlbetonskelett gebaut, ausgefacht und oder mit einer vorgehängten Fassade. Vergleicht man den Energieverbrauch dieser herkömmlichen, konventionellen Bauweise, hat das Stadthaus bei seiner Konstruktion 124.7 Tonnen CO_2 eingespart; hinzu kommen noch weitere 186 Tonnen Kohlendioxid, die das Holz vorher schon aus der Atmosphäre umgewandelt und zu Teilen auch im Holz eingelagert sind.

In Großbritannien muss bereits heute jeder neu erbaute Wohnblock durch den Einsatz von erneuerbaren Energieträgern seine CO_2 Emission um mindestens 10%

neutral, and even carbon-negative, construction.

A building of this form would normally be procured as a reinforced concrete frame, an energy instensive process producing upwards of 125,000 kg of carbon. In contrast Stadhaus actually stores 185,000 kg of carbon within the timber structure. To put these figures in perspective, the usual requirement of ten per cent carbon reduction through on-site renewable energy would equate to the same saving only after 200 years of the building's constant use.[1]

Compared to the seventy-two weeks prog-rammed for a concrete frame design, Stadthaus took forty-nine weeks to complete. The timber structure itself was constructed in just twenty-seven days by four men, each working a three-day week. Many other savings were made and it proved to be as well received on the market as it was by the client and contractors when all units sold within two hours of their launch.

---

[1] Carbon emissions of the occupied building: 30.285 kg/CO_2/m2/Yr (using Building Regulations of England & Wales Part L1 DER and BREDEM 12). The net internal area is 1861m2, therefore the CO_2 used by the building is 56,360 kg/CO_2/Yr. Using 12/44 as the ratio of carbon within the carbon dioxide itself (.27 r) we get 15,000 kg/C/Yr.

The amount of carbon sequestered within the timber: 901 m3 of timber at 0.8 t/m3 gives 720 t of CO_2 or 196 t of carbon. 21 journeys transporting the material at 1.7 t of carbon dioxide per journey gives 36 t of CO_2 or 10 t of carbon. Therefore the timber is responsible for safeguarding 186 t of carbon.

The resulting reduction of carbon emissions by building in timber: (as compared to the same building constructed using a concrete frame) 67.5 t of carbon for the concrete and 57.25 t of carbon for the steel. Total reduction of 124.75 t carbon.

Conclusion: 124.75 + 186 = 310.75 t of carbon. This total is divided by 15 t (the amount of carbon used by the building per year), giving a 20.7 year period of carbon neutral use.

---

reduzieren. Betrachtet man genau die CO_2 Einsparung durch die Verwendung von Holz aus Baumaterial kann man das Stadthaus über 200 Jahre ununterbrochen betreiben um eine entsprechende Einsparung an CO_2 zu erzielen.

Die Architekten und Ingenieure haben Brettsperrholz als entscheidendes Baumaterial vorgeschlagen und dem Kunden präsentiert. Neue Materialien und neue Technolgien müssen sich in den Märkten ersteinmal behaupten. Ein erste Hürde ist immer die Rentabilität, die nach wie vor alle weiteren Vorteile wie Umweltfreundlichkeit im Schatten stehen lässt. Gesetzliche Vorlagen unterstützen und fordern immer häufiger neue Wege, neue Materialien, neue Technologien und Baumethoden.

Das Brettsperrholz stellt sich all diesen Anforderungen und bietet neben den ökologischen Qualitäten auch interessante wirtschaftliche Lösungen und drängt sich als Alternative zu konventionellen Materialien und Verfahren auf, auch unter der momentanen gesamtwirtschaftlichen Lage und schärfer werdenden Regelungen und Verordnungen.

Architekten und Designer suchen nach Lösungen die den umwelttechnischen und ökologischen Ansprüchen gerecht werden, wirtschaftlich sind und gleichzeitig Standards, Bedürfnisse und Wünsche künftiger Bewohner berücksichtigen. Ein Spagat der abenteuerlich anmutet. Auch hier ist Brettsperrholz eine interessante Variante, ein flexibles Material das ungeahnte Gestaltungsvarianten zulässt und alle oben genannte Anforderungen berücksichtig.

Das Stadthaus belegt, dass es durchaus möglich ist CO_2 neutrale Architektur zu realisieren, ohne jegliche Einbußen in Qualität und Originalität. Im Gegenteil, das Bauen mit Brettsperrholz bietet viele, ganz offensichtliche Vorteile die weit über das Thema der Kohlendioxidreduktion und der Umweltfreundlichkeit hinausgehen.

Das Stadthaus wurde in nur 49 Wochen fertiggestellt, wobei der Holzrohbau in 27 Werktagen erfolgte und das Montageteam nur aus 4 Zimmerleuten bestand. Für eine herkömmlich Stahlbetonskelettbau wird in der Regel ein Programm von 72 Wochen veranschlagt.

Diese deutliche Zeitersparnis in der Erstellung des Gebäudes ist nur eine von vielen weiteren programmtechnischen und finanziellen Vorteilen, der beim Stadthaus angewandten Bauweise unter Verwendung von Brettsperrholzbauweise.

Creativity, growth, abundance and convenience are not generally carbon neutral concepts. Indeed it is often argued that design for sustainability comes at a cost: both financially and creatively. While new materials and processes are slow to reach the economies of scale necessary to compete with their less verdant alternatives, the expensive sustainable option often won't be considered against an already cut budget without heavy-handed legislation.

As many designers are too often pushed into pursuing a green agenda by legal necessity, they are often forced to sideline human needs to make the figures add up. Consequently sustainable options have become associated with a reduction in living standards, lower aesthetic standards, and an overall increase in effort and ennui.

Stadthaus proves that it is possible to build carbon-neutral architecture without making sacrifices. Rather the opposite is true – building in engineered timber can provide plentiful, tangible benefits above and beyond the carbon savings. Doing something new, particularly in such a conservative industry, requires considerable energy and persistence, and the process of building Stadthaus has been one of intense teamwork between the architects, their suppliers, the engineers, construction team and client. It has necessitated and inspired innovation, vision and persistence on the part of all those involved. These are what this book sets out to record.

Der Erfolg war vorprogrammiert – alle Wohnungen waren binnen weniger als 2 Stunden verkauft.

Das Stadthaus Projekt forderte von allen Beteiligten Mut, Ausdauer, Vertrauen, hohe Kommunikationsbereitschaft und intensive Zusammenarbeit unter den Architekten, Ingenieuren, Lieferanten und Monteure und nicht zuletzt dem Kunden.

Das vorliegende Buch dokumentiert all diese Ausdauer und Beharrlichkeit des Projektteams mit der die bisher bekannten Grenzen im Holzbau gesprengt wurden und zeigt eindrücklich, dass der traditionelle 'Holzweg' einer Neuinterpretation bedarf. Wir können die Nachahmung nur empfehlen!

Holz gewinnt als Baustoff in den letzten Jahren wieder sehr an Popularität unter anderem dank seiner weitbekannten Umweltfreundlickeit und Umweltverträglichkeit, die die anderer Baumaterialien weit übersteigt, und dank der vielen neuen Entwicklungen im Bereich Holzwerkstoffe und Holzbauelemente.

Die Holzbauindustrie und die Holzwirtschaft haben dennoch alle Hände voll zu tun, um letzten Bedenken und aktualisierungsbedürftige Vorschriften zu begegnen. Mit dem Stadthaus wird gleichzeitig demonstriert, dass Holz durchaus eine interessante und baubare Variante für den Wohngeschossbau ist. Die Weiterentwicklung eines der ältesten Baumaterialien der Welt ist rasant, zeitgemäß, und bietet Antworten auf alle Fragen.

In den Neunziger Jahren kamen die ersten Brettsperrholz-Elemente auf den Markt. Dieses einfache aber ausgeklügelte Produkt wird mit Sicherheit großen und weitreichenden Einfluß auf die Architektur der Zukunft nehmen. Brettsperrholz-Elemente gewähren alle Vorteile,

Timber has seen a surge of popularity in recent decades, largely thanks to its well-known and considerable environmental benefits over other building materials. Widespread adoption has been curbed, however, by a number of limitations – the principal of which is a lack of practical knowledge surrounding the construction and design of tall timber buildings.

TWENTY-FIRST CENTURY TIMBER

Concerns associated with timber are predominantly related to timber frame construction. Firstly, that the movement characteristics of wood lead to unstable structures: the material's load-bearing capacity, and its durability are perceived as inferior to those of concrete and steel. Secondly, the acoustics in a timber frame building are known to be problematic and finally, timber frame is considered to be highly combustible. But as long as the architect makes proper use of the materials and takes necessary precautions (as they would with any material) expectations and regulations alike can not only be met, but exceeded.

die Holz mit sich bringt und eröffnet Gestaltungsmöglichkeiten mit dem Material Holz die bis dato diesem Werkstoff verwehrt waren.

Eine Reihe von Projekten, wie die Passivhaussiedlung 'Am Mühlweg' in Wien, die Wohnanlagen in Judenburg in der Steiermark, die 'Kingsdale School' in London (dRMM architects) haben ständig die Möglichkeiten und Grenzen des Materials durch innovativen Einsatz erschlossen und erweitert.

Mit dem Stadthaus macht die Holzbauweise einen weiteren gewaltigen Entwicklungssprung. Mit einer der ersten Brettsperrholzhersteller waren Wolfgang Weirer und Heimo de Monte, die 1996 ein Forschungs– und Entwicklungsprogramm mit der Universität Graz starteten, das dann in der Folge im Jahr 1998 in zur Gründung der Fa. KLH, Kreuz-

There are many examples to prove that building robust, practical and beautiful architecture with timber is possible, and doing so merely requires a different mindset and knowledge base to that used when building in concrete and steel. Furthermore the environmental advantages of timber are too great to ignore.

A sensible and timely evolution of one of the world's oldest building materials has seen many of these issues dispelled by developments in modern technology. Emerging on the market just before the turn of the century, engineered cross-laminated solid timber panels are a simple but sophisticated modern product that looks set to have serious and far-reaching implications for architecture. Cross-laminated timber panels offers all of the benefits of timber with little or no design compromise.

A number of projects have progressively pushed the boundaries of this new material including the Passive House at Muhlweg, Vienna, residential buildings in Judenburg and the Kingsdale School in London by de Rijke Marsh Morgan Architects. Stadthaus represents a great leap for timber by proving its benefits in a high-density, high-rise urban housing block.

The make-up of a cross-laminated timber panel is not ambiguous: it consists simply of timber planks stacked, glued and laminated in perpendicular layers. Manufactured in sheets of up to 16.5 m by 2.95 m, the panels are then cut to the architects' specification in the factory using computer numerical control (CNC) equipment before being delivered and assembled on site.

When used as a two-dimensional building material as opposed to a single dimension, timber board has several advantages: in a fire, a solid wall of timber will benefit from the

LagenHolz fuehrte. KLH expandiert über ganz Europa und darüber hinaus. Zum Zeitpunkt als Waugh Thistleton mit den Plänen für das Stadthaus an sie herantrat, produzierte KLH bereits bis zu 400.000 m2 Brettsperrholz pro Jahr.

Im KLH Werk werden vorwiegend Fichtenbretter in drei Qualitätsgrade sortiert: Industriesichtqualität, Wohnsichtqualität und Nichtsichtqualität (für tragende, nicht sichtbare Elemente). Nach der Sortierung werden die einzelnen Bretter in einer Keilzinkenanlage und in bis zu einer Länge von 16.5 m zusammengefügt. Diese Bretter werden dann mit jeweils einer Leimschicht dazwischen kreuzweise gestapelt und unter hohem Druck zu großformatigen Brettsperrholzplatten verpresst. Der sehr hohe Pressdruck erlaubt eine hochwertige und letztendlich emissionsfreie Verleimung der Platten mit einem Polyurethan Leim. Das Pressverfahren ist patentiert und ist neben anderen Faktoren ein Garant für die hohe statische, langlebige und visuelle Qualität der KLH Brettsperrholzplatte.

HOLZ, BAUMATERIAL DES 21STEN JAHRHUNDERTS

11

protection of a charred layer and therefore does not deteriorate in the same way as a joist or stud. Cross-laminated timber panels, at their thinnest three-layer construction, can conform to a fire protection class of F 30 – which means they will retain their structural integrity for at least thirty minutes in a fire. In Stadthaus, five-layer panels are used to obtain a fire protection class of F 60. A timber beam will retain structural integrity much longer than a steel beam, which loses strength above a certain temperature and buckles. Through board and layer constructions the fire resistance period of timber can be still further increased.

The perpendicular arrangement of the lamellas in each layer of timber, and the way in which they are bonded, means that any swelling and shrinkage in cross-laminated timber boards is reduced to an insignificant minimum. The product is extremely stable. Static strength is also considerably improved, offering entirely new possibilities when it comes to load transfer. Not only can loads be transferred in one direction (as is the case with supports and girders for example) but on all sides.

As an organic material, timber is traditionally susceptible to rot, as well as pest, fungus and insect attacks. Design can go some way to allaying these risks in timber frame construction, but cross-laminated timber panels are factory dried to achieve a very low moisture count of below twelve per cent, thus preventing the problems arising in the first instance.

Acoustically, too, the success of timber in architecture is in the detailing. Cross laminated solid timber panels have a significantly higher density than timber frame buildings

Die Festigkeitswerte der KLH Platte sind bis dato herausragend und unerreicht im Vergleich zu Wettbewerbsprodukten.

Plattengrößen bis zu 16.5 m x 2.95 m sind möglich. Die Limitierung des Plattenformats ist transportbedingt. Dieses Format lässt sich auf dem Kontinent noch ökonomisch transportieren.

Die Platte wird dann, nach den Angaben des jeweiligen Architekten, vor Lieferung und Montage, im Werk mit CNC (Computerised Numerical Control) Maschinen höchst präzise zugeschnitten.

Brettsperrholzplatten wirken statisch (ähnlich wie Fertigbetonelemente) in zwei Richtungen, anders als die meisten anderen Bauelemente die statisch nur in eine Richtung wirken. Die Brettsperrholzplatte schafft komplett neue Möglichkeiten der Lastenverteilung. Lasten können jetzt nicht nur in eine Richtung abgetragen werden, wie es bei Stützen und Trägern der Fall ist, sondern die Platte ist Stütze und Träger in einem.

Die Brettsperrholzplatte liefert Antworten auf die häufig zitierten Bedenken der Bauindustrie bezüglich der Verwendung von Holz als Baumaterial.

Holz brennt nur schnell wenn die Querschitte klein sind und hohe Sauerstoffzufuhr verfügbar ist. Jeder hat schon erfahren wie sich ein großes, massives Stück Holz im Lagerfeuer, im Kaminfeuer etc. verhält. Es braucht lange Zeit bis es an der Oberfläche anfängt zu verkohlen. Ähnlich verhält sich die Brettsperrholzplatte. Dünne Brettsperrholzplatten (94 mm), mit 3 Lagen, können bereits bis zu 30 Min dem Feuer ausgesetzt werden, dickere, 5 lagigen und mehrlagige schon mal 60min und darüber. Brettsperrholzplatten behalten im Falle eines Brandes ihre Standfestigkeit gemäß der Kalkulationen. Brettsperr-

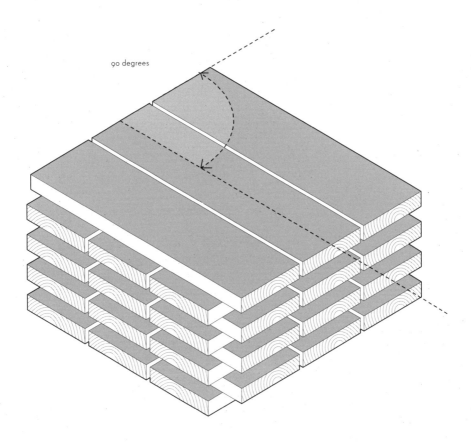

90 degrees

Panel construction showing cross laminations.

Anordnung der Längs – und Querlamellen

(500 kg per cubic metre or 50 kg per square metre for a 100 mm thick wall panel) but it can also provide a solid structural core onto which independent and separating layers can be added to overcome sound transfer issues. In this way Stadthaus far exceeds all relevant acoustic regulations in the UK.

With all the longstanding concerns normally attributed to the material addressed, we can turn to look at the considerable advantages presented by building in timber. These include reduced construction time and cost, and increased build quality in the end result.

It takes approximately twenty minutes to fit an engineered timber board. Building the shell of a typical detached house might take around eight hours. Because the construction methods are dry, interior fittings can be installed immediately. In contrast to a concrete and steel construction, on-site assembly times are very short and, through the high degree of prefabrication in protected space, the vulnerability to delays through poor weather is considerably reduced.

When they arrive, the panels are ready to be assembled. Due to the combination of high specification production, cutting facilities and permanent internal and external quality surveillance, timber boards have a low tolerance

holzplatten verhalten sich dabei ähnlich zu Leimbindern, werden nicht weich und knicken nicht ein. Durch Einsatz von Beplankungen mit z.B. Trockenbauplatten kann der Feuerwiderstand sogar deutlich erhöht werden.

Holz arbeitet in Längsrichtung kaum, um nicht zu sagen nicht! Bei der kreuzweisen Anordnung der Längs- und Querlamellen erreichen wir dadurch in Längs- und Querrichtung ein vernachlässigbares Quell- und Schwundverhalten der Platte. Die Platte bleibt in Länge und Breite stabil und äusserst präzise. Im Bereich der Plattendicke kann es zu minimalem Schwinden und Quellen kommen, was z.B. im Bereich einer Geschossdecke zu berücksichtigen ist.

Holz verrottet nur unter ganz bestimmten klimatischen Bedingungen. Für Insektenbefall sind ebenso besondere Bedingungen zu erfüllen. Detaillierte und durchdachte Bauweise kann Fäule und Schädlinge komplett ausschliessen. Im Vorfeld hierzu wird das Rohmaterial immer technisch

(Left) View of the site looking south down Cropley Street. (Top) View of the site looking east along Murray Grove. (Bottom) Aerial view of the site.

(Links) Blick entlang Cropley Street Richtung Sueden. (Oben) Blick entlang Murray Grove Richtung Osten. (Unten) Luftaufnahme des Grundstücks.

and are a precise fit. Once on site, the building can be assembled for the most part using conventional tools, if for any reason the design changes, it is comparatively straightforward to cut a new panel, or adapt the existing one; something that provides a decisive advantage especially when it comes to building services.

Timber panels offer large-scale freedom in architectonic implementation and are compatible with steel, glass, aluminium and all conventional construction materials. Far from being restricted to specific climatic conditions, today's technology means the product will work almost anywhere in the world.

The speed of construction makes the use of timber panels especially pertinent in dense urban environments. Another advantage

getrocknet – danach liegt ihr Feuchtigkeitsgehalt bei unter 12 Prozent. Der Fertigungsprozess ist vollständig ueber-wacht. Holz ist nicht so leicht wie allgemein angenommen. Die Brettsperrholzplatte weist eine bedeutend höhere Dichte (500 kg pro m3, 50 kg pro m2 bei einer 100 mm KLH Platte) als konventionelle Leichtbauweisen auf. Gute und hohe Schalldämmwerte werden durch konsequenten, getrennten Schichtenaufbau realsiert, wobei die Platten sowohl als statischer Kern und gleichzeitig als Träger für

(Left) View of the site looking west along Murray Grove.
(Above) Computer Generated Image looking west along
Murray Grove.

(Links) Westansicht des Grundstücks. (Oben) Gerenderte Perspektive entlang
Murray Grove.

of the material is that it requires minimal site
area and requires less noisy and dust-producing
equipment in construction, creating far less
intrusion on the surrounding community. With
the same civil engineering requirements, solid
timber walls can be designed to be far slimmer
than walls in conventional solid building
methods, making for considerable gains in the
net usage area. Furthermore, the lower weight
of the structure leads to reductions in the
foundations.

den Schichtenaufbau wirkt. Das Stadthaus erfüllt, ja über-
trifft sogar deutlich alle Schallschutzanforderungen an
Wohngebaeude in Großbritannien. Die Montage einer Brett-
sperrplatte dauert wenige Minuten, ein Einfamilienhaus kann
in 8 Stunden / 1 Arbeitstag erstellt werden. Die trockenen
Bauweise erlaubt sofortigen Weiterbau, innen und aussen.
Die Gebäudehülle wird so sehr schnell wettergeschützt und
die Gesamtbauzeit gegenüber herkömmlicher Bauweisen
deutlich reduziert. Die Bauelemente beanspruchen keinerlei

Since the material's inception many architects have begun to exploit these benefits in projects around the world, and a number of manufacturers and suppliers of the material now exist. KLH, one of the earliest, was established by Heimo de Monte and Wolfgang Weirer in 1998 after several years of research and development work with Graz University of Technology and a one year trial run. The company rapidly expanded, and by the time Waugh Thistleton approached them with the plans for Stadthaus they were producing 400,000 sq. metres of the material per year, and looking to establish business in new markets.

At the KLH factory, planks of spruce are sorted into three grades (industrial, domestic and visible) before being cut and finger-jointed together into strips up to 16.5 m in length. These strips are then stacked and glued under high pressure in perpendicular layers. The process used by KLH to manufacture engineered cross-laminated timber panels involves a number of innovations that set the product apart – the most notable of which is a high-pressure bonding system which allows the company to use polyurethane adhesive in its boards. This solvent-free and formaldehyde-free adhesive is able to achieve a very high-quality level of adhesion, with no risk of toxic emissions at any stage in the product's life cycle.

KLH is not the only manufacturer of cross-laminated timber panels, but was selected by Waugh Thistleton Architects primarily for its environmental credentials. As well as being able to guarantee that the suppliers were all thoroughly checked and conformed to a high sustainable standard, the KLH manufacturing process is a closed loop – offcuts are fed into the factory generator to power the production line.

Lagerplatz, denn sie werden direkt vom LKW auf die Baustelle angeliefert und von dort direkt montiert. Die Montage produziert extrem wenig Lärm, Schutz und Abfall. Bei gleichen bauphysikalischen Anforderungen können KLH Wände wesentlich schlanker ausgeführt werden als Wände in herkömmlichen Massivbauweisen. Geht man dann von dem gleichen Grundriss aus, spart der Massivholzbau an Nettonutzfläche.

Seitdem Brettsperrholz auf dem Markt ist machen sich immer mehr Architekten auf der ganzen Welt seine Vorzüge zu Nutzen. Der Einsatz von Brettsperrholzplatten eignet sich auch, das Stadthaus Projekt unterstreicht das eindrucksvoll, und vor allem in dichtbesiedelten Stadtgebieten. Brettsperrholzplatten ermöglichen einen großen architektonischen Gestaltungsfreiraum und sind kompatibel mit Stahl, Glas, Aluminium und allen anderen konventionellen Baumaterialen. Die Platten können fast überall auf der Welt verwendet werden, denn dank der heutigen Technik ist der Holzbau großteils unabhängig von den jeweiligen Klimaverhältnissen.

Waugh Thistleton hat sich mit den Plänen für das Stadthausan KLH gewandt, hauptsächlich aufgrund ihrer ökologischen Glaubwürdigkeit und ihres diesbezüglichen Engagement. KLH kann den Kunden garantieren dass alle Lieferanten aufs Genaueste geprüft werden und die strengen ökologischen Kriterien erfüllen. Das Herstellungsverfahren ist ein in sich geschlossener Kreislauf. Fabrikations– und Holzreste werden in Hackschnitzel umgewandelt, Sägemehl und Hobelspäne in Holzpellets verpresst

The panels are precisely cut at the KLH factory using a computer numerical control router.

Zuschnitt der Brettsperrholzplatten mit prätisen CNC Maschinen.

The manufacturing procedure of KLH cross-laminated timber panels is zero carbon, meaning it was not necessary to offset this in the final calculations for Stadthaus's carbon footprint – only the transport required to ship the boards to the UK was included. The process is harmless with no health-damaging effects for its employees. The finished panels meet the 'o' emission class, meaning they can be fed directly into thermal disposal, and when incinerated they produce no more residue than unglued timber.

und in regionalen Biomassekraftwerken zur Wärme – und Engiegewinnung eingesetzt. Auch das Werk wird ausschliesslich mit dem eigenen 'Abfall' versorgt. Alle anderen Holzreste werden an umliegende Bauern als Brennholz verkauft.

Die Produktion der KLH Platten ist somit CO_2 neutral einzustufen. In der CO_2 Bilanzierung vom Stadthaus wurde nur der Transport von Österreich nach London brücksichtigt.

Die Herstellung der KLH Brettsperrholzplatte ist nicht gesundheitsschädlich, von daher war es nicht notwendig sie in die Endökobilanz des Stadthaues mit

All the timber comes from managed forests certified by the PEFC (Programme for the Endorsement of Forest Certification), and regular checks ensure it meets their standards. Testing procedures at the factory are thorough. All lengthways and profile lamellas are subject to a visual and mechanical quality sorting, as well as moisture measurement. For every batch a small circle is taken out of a board and tested through a process of boiling and drying to simulate a lifespan of eighty years of extreme temperatures and conditions.

(Below and right) The KLH factory in Austria.

einzukalkulieren, nur der Transport der Platten nach Groß-britannien taucht in der Ökobilanz auf. Die Herstellung ist auch auch für die Beschäftigten völlig unbedenklich, sie hat keinerlei gesundheitsbedenklichen Auswirkungen KLH Brettsperrholzplatten weisen o Emissionen auf. Die Brett-sperrholzplatten können bedenkenlos einer thermischen Entsorgung zugeführt werden und erzeugen bei Verbrennung keine bedenklichen Rückstände.

Regelmäßige Kontrollen garantieren, dass das Holz für KLH Platten aus nachhaltiger Waldbewirtschaftung kommt. Qualität ist von höchster Wichtigkeit für die Firma und alle Prüfverfahren im Betrieb sind äußerst gründlich. Sämtliche Längs – und Querlamellen werden einer visuellen und maschinellen Qualitätssortierung unterzogen. Alle KLH Platten werden überprüft, es werden jeweils nach

Incidents such as the Hatfield fire in 2007 and Colindale the year before, in which timber-framed buildings were destroyed by fire during construction, contributed to a wave of bad press for timber construction. Already in progress with the plans for Stadthaus at the time, the design team hoped that this building would dissuade the industry from dismissing what they believe to be an essential component of sustainable construction.

jedem Pressgang kreisrunde Proben entnommen, die wiederum einem künstlichen Alterungsprozess unterzogen werden. Mittels Kochen und raschen Trocknen wird ein Alterungsprozess von ca. 80 Jahren simuliert und abschließend werden die Proben nach vorher bestimmten Procedere zerstört um die Stabilität der Leimfugen gewährleisten zu können – die KLH Verleimung hält!

Mit dem Stadthaus haben alle Projektbeteiligten den Nachweis angetreten. Holz kann weit mehr als man ihm landläufig zutraut!

(Links und oben) KLH Werk in Österreich.

In 2005 the domestic sector accounted for about thirty per cent of all UK energy demand. According to the Mayor's Housing Strategy, without intervention emissions from London's homes will rise to 19.7 million tonnes each year by 2025. Reacting to such figures, the Government has established targets for all new housing to be zero carbon by 2016.

Whether these targets are either realistic or appropriate may be questionable but what is clear is that action is required urgently. The inconvenient truth is that global warming poses a serious problem to all architects and designers involved in the residential sector. Those tasked with building affordable housing, which constitutes twenty-five per cent of the UK's housing stock, and which must also factor in social and economic solutions within especially tight budgets, are under further pressure still.

There are currently two standard practices for making a construction more energy efficient: onsite energy generation from renewable resources, and superinsulation. Waugh Thistleton Architects consulted with sustainability experts Michael Popper Associates at the outset with regards to on-site energy generation and reducing the carbon use of the building. Rigorously exploring the

Die britische Regierung hat sich hohe Ziele gesteckt. Ab 2016 wird CO2 neutrales Bauen für alle Neubauten Pflicht. Im Jahr 2005 waren die Privathaushalte Großbritanniens immerhin für 30% des gesamten Energieverbrauchs verantwortlich. Laut der Mayor's Housing Strategy (Strategien für den Wohnungsbau des Londoner Bürgermeisters) werden, wenn nicht drastisch eingeschritten wird, im Jahre 2025 die CO2 Emissionen aus Londoner Haushalten auf 19.7 MillionenTonnen pro Jahr angestiegen sein.

Große Ziele erfordern entsprechende Maßnahmen – und es ist auch in Großbritannien höchste Zeit zu handeln und sich den ungequemen Wahrheiten zu stellen. Der Wohnungsbau und Wohnungsbetrieb trägt erheblich zur Klimaschädigung bei. Alle am Bau Beteiligten in erster Linie Architekten und Ingeieure sind gefordert kreative und finanzierbare Lösungen zu entwickeln, denn in Großbritannien hat der soziale Wohnungsbau mit ca. 25% Anteil einen sehr großen Part an der Gesamtbauaktivität.

Die derzeitigen gängigen Methoden der Energieeinsparung und CO2 Reduktion im Bauwesen konzentrieren sich auf Wärmedämmung, Einsatz erneuerbarer und dezentraler Energieträger. Keine dieser Methode und Vorgehensweise betrachtet jedoch das Potential der Einergieeinsparung und Emmissionsreduktion während der Herstellung von Produkten, im Transport, auf der Baustelle und in der

A SUSTAINABLE SOLUTION

sustainability calculations, it was a priority that the design and build should both excel on this front. While both approaches have their own

späteren Aufbereitung/Entsorgung. Betrachtet man diese Zahlen genauer, stellt man immer wieder überrascht fest, dass CO2 Emissionen in Herstellung und Verarbeitung von

Baustoffen deutlich die eines lebenslangen Betriebs des Gebäudes übertreffen.

Waugh Thistleton Architects sah sich schon immer durch diese Aufgabenstellungen herausgefordert und der Einsatz von Holz für das Stadthaus war daher eher Pflicht. Die Umweltbelastung während des Baus wird unmittelbar und sofort deutlich, wenn man anstelle Beton und Stahl eben Holz verwendet. Die Gesamtökobilanz des Bauprozesses verbessert sich in wichtigen Punkten. Die Bauzeit ist relativ kurz, es werden weniger und leichtere Fundamente eingebracht, der Einsatz von schwere Baumaschinen und

NACHHALTIGE LÖSUNG

merits, the energy produced during construction is rarely taken into consideration. While this can account for a third of the overall carbon cost of a building over its lifetime, it is the most intensive generator as this is expended over a matter of months.

Waugh Thistleton's decision to use timber in its architecture was made with this in mind. Further, by replacing concrete and steel with wood, the environmental impact of the building is reduced during the construction process in a number of ways. The building programme is shorter, the foundations are considerably reduced, as is the need for tools and equipment such as cement mixers and tower cranes.

Although the benefits of the material have been proven in schools, hospitals and one-off low-rise residential architectural projects, Stadthaus marks a major departure for a mass-market house builder the size of Telford Homes. There are many benefits to using masonry, concrete and steel in building, and these apply particularly to this building type: such materials are strong and thoroughly

Werkzeugen ist deutlich reduziert. Die Liste lässt sich unendlich fortsetzen – und bei jeder Erleichterung und Vereinfachung erhöht sich der Anteil an CO_2 neutralem Bauen.

Die Vorteile von Holz als Baumaterial haben sich bereits in Schulen, Krankenhäusern und individuellen Ein – und Mehrfamilienhäusern bewiesen – und doch war der Bau vom Stadthaus ein ungewöhnlicher Schritt für einen großen und etablierten Bauherrn wie Telford Holmes. Die Verwendung von Ziegelstein, Beton und Stahl im Hausbau hat viele Vorzüge, vor allem im Falle eines Wohnhochhauses wie das Stadthaus. Sie sind bekannte Bauweisen, haltbare, über Jahrzehnte bewährte und noch preisgünstige Baustoffe, ihre Infrastruktur und Systeme sind genauso solide wie die Materialen selbst. Auf der anderen Seite sind Mauerwerk, Beton und Stahl ungeheuer energie-intensive Baustoffe und daher unter nachhaltigen Gesichtspunkten eher ungünstig für die Gesamtbilanz.

Für Telford Homes als Bauherr war es ein sehr mutiger Schritt einem innovativen Baustoff wie dem Brettsperrholz eine Chance zu geben. Der Erfolg vom Stadthaus ist mittlerweile offensichtlich und das überwältigende Interesse an diesem Projekt kann zu einem Umdenken in der ganzen

tested through decades of prolific use; they are still inexpensive; the systems and infrastructure are in place for their use. But masonry, concrete and steel are extremely energy-intensive building materials, and in the long term not sustainable.

Telford Homes was brave in taking on such an innovative material, and the tangible success of the experiment could potentially signify a turning point for an entire industry. If the nineteenth century was the century of steel, and the twentieth the century of concrete, then the twenty-first century is about timber.

With the possible exceptions of hay bales and bamboo, timber is one of the only truly sustainable structural building materials in existence. Because trees absorb CO_2 as they grow (approximately one tonne for every cubic metre), wood is carbon neutral: a building made using enough timber – if it comes from sustainably managed forests – can achieve a negative carbon footprint. It boasts the lowest embodied energy of any mainstream building material and, according to figures supplied by Wood For Good, the amount of energy required to produce a tonne of brick is four times the amount for sawn softwood, concrete is five times, glass six times, steel twenty-four times and aluminium 126 times. Using wood instead of other building materials saves on average 0.9 tonnes of carbon dioxide per cubic metre.

Austria, some forty-seven per cent (3.9 million hectares) of which is given over to woodland, is one of the most forested countries in Europe, consequently known as Europe's 'Green Lung'. The country's dense forest coverage statistically equates to 0.5 hectares for every inhabitant, and around three quarters of Austria's forests are small holdings, privately owned and managed.

Bauindustrie führen. Das 19te Jahrhundert war das Jahrhundert des Stahlbaus, das 20ste Jahrhundert das des Stahlbetons – warum sollte dann nicht das 21te Jahrhundert das Jahrhundert des Holzbaus sein, oder besser gesagt des 'engineered timber' sein?

Abgesehen von Strohballen und Bambus, ist Holz der einzige wirklich nachwachsende, statisch belastbare Baustoff. Bäume absorbieren CO_2 während ihres Wachstums, wandeln CO_2 in Sauerstoff um und lagern einen gewissen Anteil als Kohlenstoff im Holz ein. Holz wird daher als CO_2 neutraler Baustoff eingestuft. Ein Gebäude kann, falls genügend Holz und Holzwerkstoffen aus nachhaltiger Forstwirtschaft zum Einsatz kommen durchaus positive CO_2-Werte erreichen, d.h. die Menge an CO_2 bei der Herstellung produziert übersteigt nicht die Menge die die Baustoffe in ihrem Lebenszyklus umgewandelt und eingelagert haben. Von allen gängigen Baumaterialien wird für die Herstelllung von Massivholzwerkstoffen wie der Brettsperrholzplatte wenig Energie verbraucht. Zur Veranschaulichung nachfolgend einige Zahlen aufbereitet von Wood for Good (einer britischen Organisation entsprechend dem Holzabsatzfond in Deutschland oder proHolz in Österreich): Zur Herstellung von einer Tonne Ziegel braucht man 4 mal soviel Energie als zur Herstellung der selben Menge an Nutzholz, bei Beton 5 mal soviel, bei Glas 6 mal, bei Stahl 24 mal und bei Aluminium sogar 126 mal soviel Energie. Der Einsatz von Holz im Vergleich zu anderen Baustoffen spart 0.9 Tonnen Kohlendioxid pro Kubikmeter ein.

Ca. 47 Prozent Österreichs (3.9 Millionen Hektar) sind Waldgebiet. Österreich ist eines der bewaldesten europäischen Länder, kein Wunder, dass Österreich auch als 'Die grüne Lunge Europas' bezeichnet wird.

Statistisch gesehen kommt in diesem dichtbewaldeten Land auf jeden Einwohner ein halber Hektar Wald, und drei Viertel des östereichischen Waldes ist in Privatbesitz und wird auch privat verwaltet. Holz ist ein zentraler Faktor der Marktwirtschaft des Landes, sowohl wegen seines Wertes als Rohmaterial, als auch als Einkommensquelle für alle, die im Forstwesen tätig sind. Die Auflagen in der Forstverwaltung sind sehr genau und

Murau, Austria's timber heartland.

Murau, Österreich's größtes Waldanbaugebiet.

The importance of timber to the republic's economy cannot be underestimated, both in terms of its value as a raw material and as a way of life for Austria's forest farmers. As a result forestry is highly regulated and the quantity of wood felled is not permitted to exceed new growth. Timber stocks (which in 2008 amounted to more than one billion cubic metres) are steadily increasing and plentiful supplies are allocated for the paper and board industries as well as for energy usage.

The engineered cross-laminated timber panels used to construct Stadthaus were manufactured in Murau, Austria's timber heartland. Nestled amid extensive forests at the foot of the Stolzalpe, in the upper valley of Styria's principal river the Mur, Murau boasts a 700-year history of timber industry. It is home to the Timber Museum, the acclaimed Holzzeit exhibition of timber, and an annual Timber Race (along the Timber Road). The Styrian hub for all production and processing of timber, it makes sense that

streng, die Menge der gefällten Bäume darf niemals den Grundbestand dezimieren. Österreichs Holzbestand wächst stetig und deckt problemlos den Bedarf der Holz, Papier, Karton und Pappenindustrie und wird auch als Energiequelle eingesetzt.

Die Brettsperrholzplatten, die für den Bau vom Stadthaus verwendet wurden, wurden in der Nähe von Murau hergestellt. Murau liegt am Fuß der Stolzalpe inmitten ausgedehnter Wälder im oberen Murtal. Die Mur ist der wichtigste Fluss der Steiermark. Das Murtal kann sich einer 700 Jahre alten Tradition der Holzindustrie rühmen, fein dokumentiert im HolzMuseum. Weiteres Indiz für diese lange Geschichte und Tradition ist der jährliche Holz-Lauf entlang der steiermärkischen Holz-Straße. Das Murtal ist Mittelpunkt der europäischen Holzproduktion und Holzverarbeitung, kein Wunder also, dass hier auch die anspruchsvollsten Neuerungen in Sachen Holz entwickelt werden.

it should also be the birthplace of sophisticated timber innovation.

Buildings produce large quantities of CO_2 during the construction phase as well as consuming energy throughout their lifetimes. By contrast timber possesses a valuable property of carbon storage. Trees naturally bind and store large quantities of CO_2 from the atmosphere by photosynthesis, and when harvested for industrial use this sequestered carbon is locked into the manufactured wood products for as long as they remain in use.

Substituting concrete for timber reduced the carbon offload of Stadthaus by 300,000 kg. This is equivalent to the entire carbon use of the building over twenty years of occupation.

In collaboration with Michael Popper Associates, Waugh Thistleton were able to argue that this saving was comparable to producing ten per cent of the building's energy needs from renewable sources. This resulted in further savings in cost and time. Renewable energy sources were nonetheless implemented with photovoltaic panels installed on the roof to provide power for the common areas.

The developers did not require additional insulation to the building, as these properties were inherent in the material itself: wood has the best thermal insulation of any mainstream construction material – five times better than concrete, ten times better than brick and 350 times better than steel. Timber absorbs, saves and re-emits moisture making constructions from the material moisture regulating. With a heat conductance value of 0.13 W(m2K), timber provides outstanding heat insulation in summer. KLH boards are also insulated against the outside, making it possible to achieve optimum conditions all year round. A further credential of the building's capacity for energy saving is demonstrated by air tightness. In tests carried out after Stadthaus'

Der traditionelle Massivbau produziert schon während der Konstruktionsphase beachtliche Mengen an CO_2 und verbraucht auch später während seiner gesamten Standzeit weiterhin Energie. Im Gegensatz dazu ist Holz ein natürlicher Kohlendioxidspeicher. Durch Fotosynthese binden Bäume aus der Atmosphäre große Mengen an CO_2 an sich und lagern sie ein. Wenn die für die Holzindustrie bestimmten Bäume gefällt und bearbeitet werden, bleibt das vorher schon eingelagerte Kohlendioxid weiterhin in den Holzplatten eingeschossen und das für die gesamte Standzeit und Lebenszeit der Gebäude.

Durch die Verwendung des Baustoffes Holz anstelle von Beton sparte das Stadthaus in der CO_2 Bilanz ca. 300,000 kg CO_2 ein. Dieselbe Menge an Kohlendioxid entspricht ca. einer 20 jährigen Vollnutzung des Stadthauses.

Die Bauauflagen in London fordern einen Anteil von 10 % erneuerbarer Energien am Gesamtenergiebedarfs in Neubauten. Aufgrund des hohen Anteils an eingelagerten, umgewandelten und vermiedenen CO_2 befreiten die Behörden das Stadthaus von diesen Auflagen. Klingt widersprüchlich, dennoch geht die Rechnung auf. Der Verzicht auf den Bau eines Untergeschosses und eines Heizkellers ermöglicht weitere Einsparungen durch schlichten Verzicht, denn mit welcher Effizienz und Laufzeit muss ein kleines Blockheizkraftwerk betrieben werden, um die eingesparten Mittel und vermiedenen CO_2 Emissionen zu

completion the permeability of the construction was shown to easily exceed building regulations.

Architecture is as negatively affected by 'greenwashing' as other industries. Sustainability is a useful marketing tool, but also a complex claim to unravel and is rarely tangible. For engineered timber to be taken seriously as an alternative building material for high-density urban housing in future, the architects were concerned to ensure that any claims pertaining to its environmental credentials could be backed up in full. The material had been meticulously tested and retested and the carbon footprint of Stadthaus was rigorously calculated in an effort to make it entirely transparent and as accurate an assessment as possible.

As a practice interested in urban housing – and therefore density – Waugh Thistleton Architects believes that building density with quality is one of the most fundamental realisations that needs to take place, in order that truly sustainable cities can begin to be built. The results of its research into timber not only demonstrated a number of irrefutable environmental advantages to the use of the material in housing, but also identified a number of areas for improvement for future projects.

armortisieren? Gleichwohl wurden einige zusätzliche regenerativen Maßnahmen eingebaut, zum Beispiel wurden Fotovoltaikelemente auf dem Dach montiert, die das Equivalent an Strom produzieren, das in den Gemeinschaftsflächen verbraucht wird.

Auch beim Thema Dämmung fanden die Architekten adequate Lösungen. Die massive Platte bringt schon von sich aus eine vergleichsweise gute Wärmedämmung mit sich. Holz hat bereits die höchste Wärmedämmung aller gängige lasttragenden Baustoffe, 5 mal besser als Beton, 10mal besser als Ziegel und 350 mal besser als Stahl. Holz kann Feuchtigkeit aufnehmen, speichern und wieder abgeben, somit findet eine Feuchtigkeitsregulierung im Bau statt. Mit einem Wärmeleitwert von 0.13 W(m2K) hat Holz eine gute Dämmwirkung und eine hohe statische Tragfähigkeit, es bietet einen hervorragenden sommerlichen und winterlichen Wärmeschutz. Der Vollständigkeit halber sei erwähnt, dass in Großbritannien/London die Temperaturen selten, und wenn, nur knapp unter den Gefriepunkt fallen. Die Dämmung wurde auf der kalten Seite aufgebracht, Stärke 70 mm.

Waugh Thistleton Architects sind besonders am städtischen Bauen und somit am verdichteten Bauen interessiert. Ihrer Meinung nach muss man sich grundlegend darüber klar werden, dass verdichtetes Bauen gleichzeitig hochqualitatives Bauen sein kann – nur so ist ein wirklich ökologischer, zukunftsfähiger Städtebau möglich. Die Forschungs – und Testergebnisse von Waugh Thistleton Architects und den Projektbeteiligten machen all die ökologischen und wirtschaftlichen Vorteile von Holz als Baumaterial deutlich und zeigen gleichzeitig, dass auch im Massivholzbau noch viel Entwicklungspotential schlummert.

When Waugh Thistleton was commissioned to design Stadthaus in December 2006, reducing the carbon footprint of building was already a major and longstanding priority. Established nine years earlier with the objective that intellectually rigorous architecture should not come at the expense of accessibility. In an industry that has been relatively slow to embrace sustainable and environmentally responsible solutions, Waugh Thistleton's reputation as an advocate of pioneering technology and materials was steadily increasing thanks to projects such as Ramsgate Street in Dalston, and the Acorn House restaurants.

The proposal to use cross-laminated timber for Stadthaus was made early on, while the architects were exploring how they could meet the constraints of the site.

The architects had been made aware of the benefits of cross-laminated timber three years previously while constructing a musicians' club with the material in Waterloo. Its high strength to weight ratio, structural stability and ease of construction (three storeys went up in an afternoon) had been key factors in this project, the success of which encouraged the architects to further test the boundaries of the material in subsequent projects.

The design of Stadhaus would be predetermined by a number of factors. Previous architects had received two planning refusals on the site and as a result the acceptable parameters for the building's approval were clearly defined

At nine storeys, the practice initially looked at constructing the building using cross-laminated timber for the floor slabs and walls alone. Waugh Thistleton became increasingly ambitious with what might be achievable with the

Als Waugh Thistleton im Dezember 2006 beauftragt wurden das Stadthaus zu entwerfen war umweltfreundliches und umweltverträgliches planen und bauen ein wesentliches Anliegen der Arbeit im Architektenbüro im Londoner East End.

Schon bei seiner Gründung vor 10 Jahren hatte sich das Büro, sinngebende und anspruchsvolle Architektur zu schaffen auf die Fahnen geschrieben. Trotz einer sehr konservativen und schwerfälligen Bauindustrie in Großbritannien galten Waugh Thistleton immer schon als Verfechter und Vorreiter von bahnbrechenden Technologien und Materialien. Die Reputation des Architekturbüros wuchs ständig, dank hoch angesehener Projekte wie Ramsgate Street (Dalston, London) und den Acorn House Restaurants in London.

Der Entschluss Brettsperrholz für den Bau des Stadthauses zu verwenden, wurde schon früh gefasst, bereits als sich die Architekten mit den örtlichen Gegebenheiten des Baugeländes auseinandersetzten. Die Situation vor Ort fragte geradezu nach einer Bauweise, die die tatsächliche Zeit auf der Baustelle reduziert und keine besondere großflächige Baustelleneinrichtung erforderte.

Den Architekten kannten die Vorzüge von Brettsperrholz bereits. 3 Jahre zuvor hatten sie in Waterloo eine Clubhalle für Musiker aus dem selben Material gebaut. Die Einfachheit der Montage, 3 Geschosse standen innerhalb eines Nachmittags, waren entscheidend bei dem Projekt in Waterloo. Durch den Erfolg bestärkt und beflügelt, nahmen sich Waugh Thistleton vor das Material erneut zu verwenden und seine Grenzen auszuloten.

HIGH DESIGN

DURCHDACHTES DESIGN, AKRIBISCHE PLANUNG

material as the project went on, encouraged by intensive discussion with the structural engineers, Techniker, the client, Telford Homes and the timber suppliers, KLH. Combining their research the partners gradually came to the conclusion that Stadthaus could be built entirely from timber from the first floor upwards, including the core.

The height of the building meant that the engineering considerations from a load-bearing perspective were manifold. Avoiding disproportionate collapse has been a challenge for tall timber structures in the past. The internal organisation of the flats would need to go some way to alleviating these pressures and the final honeycomb structure saw every wall become load-bearing.

An extrusion of the site plan determined the building's form. It was established that the ground floor would house commercial floor space, two separate entrances, stores and plant provision. Above that would sit three storeys of social housing units (the majority of which would be family apartments) and five storeys of private residential units. The floor plan was adapted up the tower, creating a total of eleven one-bed, ten two-bed, five three-bed and three four-bedroom apartments. The party wall was moved along an established grid in order to create the necessary variety of spaces.

Das Design des neuen Wohnblocks im Londoner Stadtteil Hackney war durch mehrere Faktoren vorherbestimmt. Die Bebauung für das Gelände war bereits zweimal in der Vergangenheit abgelehnt worden. An den Rahmenbedingungen und Auflagen seitens der Behörden war nicht mehr zu rütteln.

Das Grundstück (17 m x 17 m) wurde nach oben ausgetragen, ca. 29.75 m bei einer maximal erlaubten Gebäudehöhe von 30m. Das Erdgeschoss wurde betoniert und beherbergt neben Gewerbefläche auch die Eingänge für die subventionierten und die privaten Wohnungnen und die Allgemeinbereiche wie Fahrradabstellräume, Haustechnik, usw... Darüber planten die Architekten 3 Geschosse Sozialwohnungen und subventionierte Wohnungen und wiederum darüber 5 Geschosse für Eigentumswohnungen zum privaten Verkauf. Die Raumaufteilung wurde vor Ort im jeweiligen Stockwerk angepasst, so dass insgesamt elf 2-Zimmer (1 bedroom flat, in UK werden nur die Schlafzimmer in der Beschreibung einer Wohnung berücksichtigt), zehn 3-Zimmer (2 bed flat), fünf 4-Zimmer (3 bed flat) und drei 5-Zimmer (4 bed flat) Wohnungen entstanden. Die Trennwände wurden auf einem festgelegten Flächenraster ausgerichtet um die gewünschten unterschiedlichen Wohnungsgrößen zu schaffen. Die Wohnungsgenossenschaft, die die unteren Stockwerke verwaltet, verlangte einen separaten Eingang für die Privatwohnungen. Die Architekten spiegelten den Grundriss von einer Seite des Gebäudes auf die andere, so dass jede Seite ihren eigenen Eingang bekam. Diese Vorgehensweise zieht sich durch das gesamte Gebäude und ergibt 2 identische Treppenhäuser und 2 identische

Designing a building constructed from elements that are precut, offsite, to the architect's specifications means that everything must be finalised at the drawing board. Although this is theoretically the case with an in-situ concrete building, in reality much tends to be shifted and adjusted during construction. The process of designing in timber has a great deal in common with industrial or product design in that the architect is designing parts to be assembled as much as they are considering the resulting working unit. The design must be finished when it leaves the architect's office.

For the architect whose mindset is so often fixed around the slab, the column and the beam, designing in cross-laminated timber requires an entirely new design rationale. The starting point for Stadthaus was to take advantage of the alternative construction methods allowed for by the material.

The Waugh Thistleton architectural vernacular is one of considered logic, human scale and tangible, understandable, friendly spaces – building in timber slabs suits this very well. The grace of this architecture is not only found through its sense of proportion, space and light but in how easily it pieces together. Like a giant wooden Jenga block, building high with cross-laminated timber is a process of elimination. Stadthaus is a design that saves on its carbon footprint by systematically removing unnecessary structural elements.

The Housing Association required a separate entrance for the private sale apartments so the architects mirrored the ground floor plan from one side of the building to the other, with an identical entrance on each. This approach is consistent the whole way up, with two staircases and two lifts, identical but with opposite orientations.

Waugh Thistleton opted for industrial grade KLH panels over the domestic grade

Aufzüge die sich auf den gegenüber liegenden Seiten des Hauses befinden.

Nachdem es sich um ein neungeschossiges Hochhaus handelt, waren anfangs nur die Geschossdecken und Wände aus Brettsperrholz geplant. Je mehr das Projekt fortschritt, desto ambitionierter wurde das Architekturbüro bezüglich der Verwendungsmöglichkeiten des Materials. Die Statiker (Techniker), der Kunde (Telford Homes) und der Hersteller (KLH) unterstützten Waugh Thistleton in ihrem Vorhaben auch die Treppenhäuser und Liftschächte, sozusagen ab dem ersten Obergeschoss alles aus Brettsperrholz zu bauen.

Die Höhe des Gebäudes warf einige technische Fragen bezüglich der Statik auf. In der Vergangenheit war die Verhinderung von 'Disproportionate collapse', eines Bauteilversagens im Unglücksfall, immer eine der Hauptherausforderungen für Holzhochhäuser gewesen. Die Aufgliederung und statische Aktivierung der Wohnungstrennwände musste auf jeden Fall eine Menge zur Lastabtragung beitragen. Das Endergebnis ist eine selbsttragende Wabenstruktur, jede einzelne Wand (Brettsperholzwand) ist eine lasttragende Wand.

Ein durchdachtes Design und Vorgehen ist bei einem solchen Bauvorhaben und bei einem solchen Vorfertigungsgrad unerlässlich. Der Designprozess für den Holzbau ist eher mit dem Industrie- und Produktdesign zu vergleichen. Der Architekt ist sowohl für die Gestaltung der einzelnen Bauteile und Bauschritte, als auch für die Planung und Entwicklung des funktionierenden Endobjekts zuständig. Beides geht Hand in Hand, und das gesamte Design muss in allen Einzelheiten fertig sein, bevor es das Architekturbüro verlässt.

Waugh Thistleton folgt einer wohldurchdachten Logik. Ihre Architektur ist auf den Menschen zugeschnitten und bodenständig, freundlich und leicht zu begreifen – die Massivholzbauweise ist für diesen Architekturansatz wie geschaffen. Diese Bauweise überzeugt durch das ihr

option. The latter – using selected timber – would have been suitable for exposing on the interior. The reason for this was twofold: firstly, Telford Homes specifically required the interiors to be consistent with its portfolio; secondly, Waugh Thistleton was keen to prove the cost effective, efficient and pragmatic qualities of a timber build to this marketplace without trading on material innovation alone. The risk was that in the race to achieve ever-greener hues in architecture Stadthaus would be construed as a marketing ploy.

As a practice Waugh Thistleton has set its own standards that dictate the layout of their buildings. It was imperative that each flat, for example, must have access to external space. In every housing development completed by the architects to date this has been made a prerequisite, necessitating a front garden, back garden or a shared amenity space to the plans, and in Stadthaus every flat featured a balcony. The corners of the building are opened up as balconies which allows a dual aspect in the living area, giving cross-ventilation of the space.

Keeping in mind the needs of the residents, all of the three-bed and four-bed units on the lower storeys overlook the park area to the rear, meaning those with children can allow them to play outside with full peace of mind. The architect also made a move to distinguish between two types of three-bed flats to regulate child densities. Referring to a

innewohnende Verständnis von Proportion, Raum und Licht und durch die Einfachheit des Aufbaus und der Montage. Das Stadthaus steht da wie ein riesiger Jenga-Turm, alle unnötigen Bauelemente konnten vermieden werden und so die CO_2 Bilanz entscheidend verbessert werden.

Architekten sind häufig an Stützen und Träger gewöhnt und müssen bei der Verwendung von Brettsperrholzplatten umdenken. Waugh Thistleton haben sich im Fall vom Stadthaus die Eigenheit der Scheibenwirkung von Brettsperrholzelementen zu Nutzen gemacht und sie konsequent umgesetzt.

Waugh Thistleton entschied sich für KLH Platten in Industriequalität anstatt der Wohnsichtqualität. Wie der Name schon sagt ist letztere für Sichtflächen in Wohnräumen geeignet. Die Architekten entschieden sich gegen diese Version aus zwei unterschiedlichen Gründen. Zum Ersten verlangte Telford Homes als Developer ausdrücklich, dass die Innenräume ihren Standards entsprachen (weiss); und zweitens war es Waugh Thistleton sehr wichtig Holz so kosteneffizient wie möglich und so pragmatisch wie möglich zu nutzen. Brettsperrholz ist kein Möbelprodukt, es ist ein Industrieprodukt, dessen Hauptaugenmerk auf der statischen Eigenschaft liegt. Ein Endfinish auf einem im Rohbau eingesetztem Element zu erhalten bedeutet immer zusätzlichen Aufwand und Fürsorge.

Timber offcuts are fed back into the KLH factory to power the production line.

Fabrikations – und Holzreste werden zum Beheizen der Fabrik weiterverwendet.

31

report by the Joseph Rowntree Foundation (Attracting and retaining families in new urban mixed income communities, 2006), which stipulates the need to limit the ratio of children to adults throughout developments, Waugh Thistleton took a great deal of care in ensuring that the occupancy of Stadthaus would maintain balance for successive generations of tenants. One problem the architects encountered was the local authority requirement to allocate a third of the building to family housing, which in this case could result in fifty or sixty per cent of the population being children. To accommodate this a number of three-bed apartments were allocated as two-beds with an optional third bedroom.

The design of Stadthaus was a particularly collaborative exercise. The client, Telford Homes, has a number of standards in place regarding such details as making sure that there is adequate cupboard space and a window in every kitchen. All these concerns gave the architects further design parameters and, working closely together, they have produced well designed homes that fully accommodate the needs and desires of the end users.

Neben Materialien und Verfahren haben Waugh Thistleton sich einer weiteren, selbst auferlegten Bedingung gestellt. Jede Wohnung sollte einen Außenzugang haben. Bei allen von Waugh Thistleton geplanten Bauvorhaben konnten sie dies erfüllen und somit waren immer Vorgärten, Gärten oder gemeinsam genutze Freizeitanlagen miteingeplant. Im Stadthaus hat jetzt jede Wohnung einen Balkon, die Wohnzimmer haben sogar Fenster auf zwei verschiedenen Wandseiten, so ist auch eine gute natürliche Querlüftung garantiert.

Bedürfnisse potentieller Mieter wurden immer berücksichtigt, so sind alle 4 und 5-Zimmerwohnungen auf den unteren Etagen zur Parkanlage ausgerichtet, damit Familien mit Kindern, diese dort unbesorgt spielen lassen können. Die Architekten konzipierten aber auch 2 unterschiedliche Typen von 4-Zimmerwohnungen, um die Gesamtmenge an Kindern im Stadhaus in einem bestimmten Verhältnis zu halten. Sie nahmen damit Bezug auf einen Bericht der Joseph Rowntree Foundation (Attracting and retaining families in new urban mixed income communities, 2006), der fordert, dass in Wohnanlagen die Anzahl an Kindern in Relation zu der an Erwachsenen Beachtung finden soll. Waugh Thistleton verwendete viel Zeit und Mühe darauf eine Belegungsausgewogenheit, auch für spätere Mietergenerationen, zu schaffen. Erschwerend kam hinzu, dass rechtliche Vorschriften vorsahen, ein Drittel des Stadthauses für Familien als Wohnraum zu Verfügung zu stellen. Eine hohe Flexibilität in der zukünftigen Nutzung sollte gewährleisten, dass einige Wohnungen auch anders genutzt werden können als ursprünglich beabsichtigt. So wird aus einer 4-Zimmer Wohnung eine 2-Schlafzimmer Wohnung mit einem optionalen dritten Schlafzimmer usw. Diese 'Planspiele' ermöglichen die Konformität mit den Bauvorschriften und wahren gleichzeitig eine hohe Flexibilität.

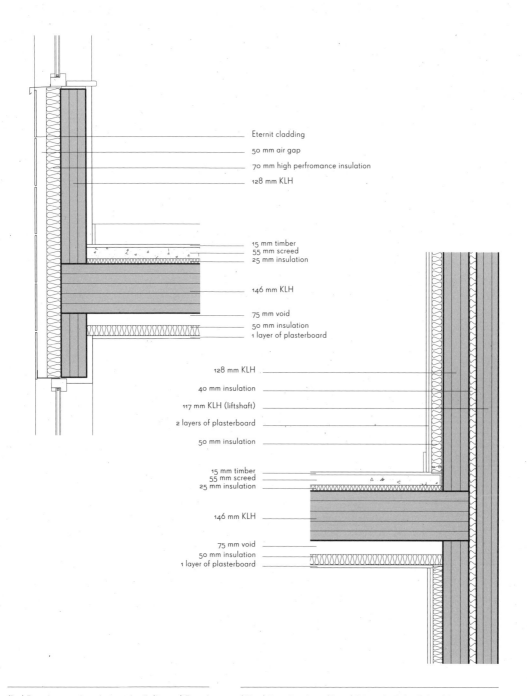

Eternit cladding

50 mm air gap

70 mm high perfromance insulation

128 mm KLH

15 mm timber
55 mm screed
25 mm insulation

146 mm KLH

75 mm void
50 mm insulation
1 layer of plasterboard

128 mm KLH

40 mm insulation

117 mm KLH (liftshaft)

2 layers of plasterboard

50 mm insulation

15 mm timber
55 mm screed
25 mm insulation

146 mm KLH

75 mm void
50 mm insulation
1 layer of plasterboard

(Top) Typical section through external wall. (Bottom) Typical section through core.

(Oben) Fassadenschnitt. (Unten) Schnitt durch den Gebäudekern.

Cross-laminated timber panels were still young to the marketplace, and – despite considerable combined experience – a relatively new building material for all involved in Stadthaus. Getting to know the product was imperative for the architects who needed to fully understand its strengths and foibles, how it is best detailed, how it should be insulated and how it functions acoustically. The practice was rigorous to an extent that went well beyond what is normally expected of a design team.

Acoustic separation was of some concern. High-density housing developments are often found to fail their tenants on this front, and while engineered timber board is proven to be an effective barrier against high-frequency noises, bass sounds risk causing a certain level of reverberation. This is especially pertinent in the UK where acoustic regulations are additionally concerned with low frequencies. After much research trialling different solutions, Waugh Thistleton layered compressed insulation and then a 55 mm screed (into which underfloor heating would then be installed) above the timber floor slabs. The layers moving independently of the floor gave acoustic separation that proved to exceed the UK requirements, with an average of 55 db protection between flats, and 53 db between floors.

Die gesamte Planung des Stadthauses war wirklich eine Übung in enger Zusammenarbeit. Der Kunde Telford Homes hatte natürlich auch seine eigenen Richtlinien, die es einzuhalten galt: Der Mieter musste sein Bett auf beiden Seiten verlassen können, es musste genug Abstellraum geben und jede Küche sollte ein Fenster aufweisen. Alle diese Anliegen schafften noch mehr Design Parameter für die Architekten.

Brettsperrholzplatten sind noch relativ neu auf dem Markt und – trotz einer gewissen Erfahrung mit dem Baustoff Holz, war es unerlässlich für die Architekten das Material in – und auswendig kennenzulernen. Es wurden Stärken und Schwächen erforscht und man untersuchte wie mit Details und der Wärme– und Schalldämmung am Besten umgegangen wird. Waugh Thistleton nahm diese Aufgabe sehr genau, weitaus genauer als normalerweise von einem Architekturbüro erwartet.

Die Schalldämmung zwischen den einzelnen Wohnungen bereitete etwas Kopfzerbrechen, denn gerade in dichtbelegten Wohnkomplexen ist Lärmbelästigung häufig ein Problem. Brettsperrholzplatten bilden zwar eine effektive Barriere gegen hohe Tonfrequenzen sind jedoch im tieffrequenten Bereich nicht so effektiv. Die britischen Bauordnungen nehmen den tieffrequenten Bereich durchaus ernst und erwarten in der Konsequenz einen Abzugswert der entsprechend bei der Gesamtbewertung einer Wand oder Geschossdecke die allgemeinen Eigenschaften reduziert. Daher wurde im Stadthaus ein schwimmender Fußboden eingebracht. Trittschalldämmung entkoppeln die Brettsperrholzplatten in den Geschossdecken von dem Estrich mit eingebauter Fussbodenheizung. Unterstützt durch eine abgehängte Decke, in der die Haustechnik verteilt wird, wurden die gesetzlichen Anforderungen an Luft– und Trittschalldämmung in Großbritannien weit übertroffen.

Die Fassade des Stadthauses wurde so gestaltet, dass sie mit der Einfachheit seiner Konstruktion, seines Kontexts und seiner Nachhaltigkeit im Einklang steht. Die Höhe des Hauses erfordert eine langlebige Fassade, die über die Jahre nicht gewartet werden muss. Die Architekten entwarfen eine regenabweisende Verkleidung mit einem

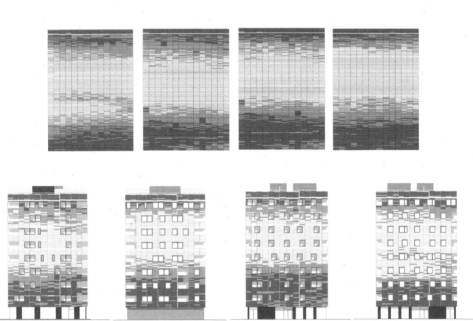

(Top) Gerhard Richter's Abstraktes Bild, 1999 (CR 857-3). (Centre) Pixilated façade. (Bottom) Stadthaus elevations.

(Oben) Gerhard Richter's Abstraktes Bild, 1999 (CR 857-3). (Mitte) Verpixelte Fassade. (Unten) Stadthaus Ansichten.

The Stadthaus façade was designed to be in keeping with the simplicity of the construction, its context and its sustainability credentials. The building's height also meant the exterior needed to have longevity with minimal need for painting, varnishing or cleaning over the years. The architects designed a rainscreen cladding using panels of Eternit, a lightweight board made of thirty per cent waste wood fibre. Eternit is a by-product of a similar process to KLH timber, and is coloured throughout the boards giving the aesthetic an integrity while enhancing its physical lightness.

The precision of the timber structure (compared to its concrete equivalent) also allowed the architect to work with a very exact façade – the line of the panels does not vary across the entire building. At ground-floor level the building was surfaced using blocks of Lignacite blocks, a cement based facing material which is more durable and hardwearing than Eternit, and gave weight to the base of the building.

The pixelated effect on the façade was designed with respect to the adjacent neighbourhood, which largely comprises 1950s brick-based local authority buildings. The pattern is made up of more than 5,000 individual panels in grey, black and white and was inspired by the abstract paintings of German artist Gerhard Richter. Reinterpreting the abstract paintings in this new architectural context, and with the blessing of the artist himself, Waugh Thistleton studied the shadows that were cast across the site and created an animation of the results that was then wrapped around the building.

Pixelraster. Die Fassade besteht aus Faserzement Platten der Fa. Eternit, ein sehr leichtes Material, das aus 30 % Holzfaserabfällen besteht. Eternit Platten sind ganz durchgefärbt, was ästetisch ein Gefühl der Ganzheit und Geschlossenheit vermittelt und die Leichtigkeit des Materials gut zur Geltung bringt.

Aufgrund der hohen Präzision des Holzbaus (verglichen mit üblichen, konventionellen Bauweisen) konnten die Architekten mit einem exakten Fassadenmaterial und Fassadenlayout arbeiten. Die Elementbreite der einzelnen Fassadenplatte bleibt durch das ganze Gebäude immer die gleiche. Das Erdgeschoss wurde mit Lignacite Blöcken verkleidet. Lignacite ist härter und beständiger und verleiht der Basis des Gebäudes Gewicht.

Mit dem Pixeleffekt der Fassade nehmen die Architekten Bezug auf die unmittelbare Nachbarschaft des Stadthauses, bestehend hauptsächlich aus Sozialwohnungen in der für die 50erJahre typischen Ziegelbauweise. Das Muster der Fassade setzt sich aus über 5000 Einzelplatten in Grau, Weiss und Schwarz zusammen. Inspiriert ist es von den abstrakten Gemälden des deutschen Malers Gerhard Richter. Richter ist fasziniert von der Willkür der Natur und hat die Begabung fast jedes Thema, das er in seiner Malerei aufgreift, für jedermann verständlich darzustellen. Sein Kunstansatz scheint gut in den Kontext des Stadthauses zu passen. Waugh Thistleton verwendete Richter's Gemälde (mit dessen Zustimmung) in einem architektonischen Zusammenhang. Die Architekten studierten und erfassten die Schattenverläufe von den umliegenden Häusern auf dem Baugelände und übertrugen sie auf das neue Gebäude. Das Stadthaus hat somit eine gepixelte Licht und Schattenfassade.

Week one of timber construction.

Montage der KLH Elemente – Woche eins.

Week two of timber construction. (Right) Week three of timber construction.

Montage der KLH Elemente – Woche zwei. (Rechts) Montage der KLH Elemente – Woche drei.

Week four of timber construction. (Right) Week five of timber construction.

Montage der KLH Elemente – Woche vier. (Rechts) Montage der KLH Elemente – Woche fünf.

View of the site looking East along Murray Grove. (Right)
Computer generated image looking East along Murray Grove.

Ostansicht entlang Murray Grove. (Rechts) Simulierte Perspektive entlang
Murray Grove.

View of the site looking North up Provost Street. (Right)
Computer generated image looking North up Provost Street.
(Following pages) Internal view, apartment entrance, June
2008.

Nordansicht entlang Provost Street. (Rechts) Simulierte Perspektive entlang
Provost Street. (Folgende seiten) Innenansicht, Apartment Eingang, Juni 2008.

(Top left) Internal view, apartment hallway, June 2008. (Top right) Internal view, balcony and living space, June 2008. (Bottom left) Internal view, double height space, June 2008. (Bottom right) communal roof terrace, June 2008. (Following pages) Internal view, looking up to ceiling of double height space, June 2008.

(Oben links) Innenansicht, Apartment Flur, Juni
2008. (Oben rechts) Innenansicht, Balkon und
Wohnzimmer, Juni 2008. (Unten links) Innenansicht,
zweigeschossiger Raum, Juni 2008. (Unten rechts)
Gemeinschaftsdachterrasse, Juni 2008. (Folgende
seiten) Innenansicht, Untersicht der Decke des
zweigeschossigen Raums, Juni 2008.

Week six of timber construction. (Right) Week seven of timber construction.

Montage der KLH Elemente – Woche sechs. (Rechts) Montage der KLH Elemente – Woche sieben.

Week eight of timber construction. (Right) Week nine of timber construction.

Montage der KLH Elemente – Woche acht. (Rechts) Montage der KLH Elemente – Woche neun.

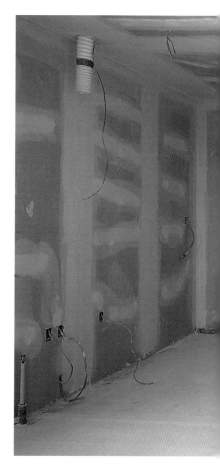

Internal views, October 2008 and January 2009   Innenansichten, Oktober 2008 und Januar 2009

Views of Stadthaus looking west along Murray Grove.

(Oben und rechts) Westansicht des Stadthauses entlang Murray Grove.

Stadthaus, looking west along Murray Grove.

Westan des Stadthouses enlang Murray Grove.

Built almost entirely out of engineered timber, Stadthaus was a first for a UK housebuilder. Telford Homes developed the project and in seeing the design through to its completion demonstrated a significant commitment to innovation.

When Telford Homes took over the project in 2007, Stadthaus was in the initial design stage however the principals of solid timber construction had been explored by Waugh Thistleton with Event Investments, the

AN INNOVATIVE DEVELOPMENT

original owners of the site. The architects were able to supply information referring to the time saved on site, and therefore budget, the reduced impact that the construction would have on the neighbouring community and the carbon savings. All were persuasive factors for the client, but groundbreaking material innovation, whatever the potential savings and advantages, will always involve a high level of risk. With a well established client such as Telford Homes this risk is exacerbated, and particularly so in an economic climate on the verge of a recession.

Telford Homes assigned its own team to verify the figures calculated and also sent four senior design staff to Austria for two days to assess the manufacturing process and discuss the feasibility of the material with KLH's

Das Stadthaus, fast ganz und gar aus Holz gebaut, war eine große und neue Herausforderung für ein britisches Bauunternehmen. Telford Homes sind in diesem Fall Bauunternehmen, Developer und Kunde in einem, stellten sich mutig dieser Herausforderung und brachten das Projekt jüngst erfolgreich zu Ende. Ein mutiger Schritt und ein gelungenes Engagement für Innovation im Bauen.

Als das Bauunternehmen das Projekt in 2007 übernahm, lag die Baugenehmigung bereits vor. Die Architekten waren in der Lage im Vorfeld bereits umfassende Daten des Baus über die verminderte Beeinträchtigung der Anlieger und über die beeindruckende Einsparung von CO_2 Emissionen vorzulegen. Durchaus sehr überzeugende Argumente, aber, wie hoch jedoch auch immer die voraussichtlichen Einsparnisse und Vorteile sein mögen, bringt der Einsatz von bahnbrechend neuer Materialtechnologie immer ein hohes Maß an Risiko mit sich. Dieses Risiko nimmt bei einem so großen und etablierten Kunden

EIN INNOVATIVES BAUPROJEKT

engineers and scientists. While the secondary savings associated with this type of construction were attractive, the developer needed to be convinced that this approach would offer reasonable cost reductions to justify the additional risks. In the end, the building was completed for a total net cost of £3.8 million, which, at a gross internal area of 2,750 square metres, represents a rate of under £1,400 per m2.

Further parties that needed to establish Stadthaus's feasibility were the National House Building Council (NHBC) and the Building Research Establishment (BRE).

NHBC is the standard-setting body and leading warranty and insurance provider for new and newly converted homes in the UK. Its primary role is to provide consumer protection to new home buyers. New homes registered with NHBC receive a ten-year warranty stating that the building has been built in accordance with its standards. This gives the purchaser (and the mortgage lender) peace of mind that the property is built to a recognised standard. There are other insurers that will provide this warranty and KLH already held certification from Zurich, but Telford Homes, which had an established relationship with the NHBC, persevered in obtaining the new certificates as an additional gaurantee for the residents.

wie Telford Homes noch zu, vor allem wenn sich die Wirtschaft gerade am Rande einer Rezession bewegt.

Telford Homes beauftragte eigene Mitarbeiter und Mitarbeiterinnen mit der Überprüfung der von den Architekten errechneten und vorgelegten Zahlenwerke und sandte gleich 4 Führungskräfte seiner Design- und Projektmanagementabteilung für 2 Tage nach Österreich. Vor Ort konnten sie die Möglichkeiten des Materials und die Lieferfähigket mit den Technikern und Verantwortlichen von KLH besprechen und klären.

Britische Institutionen wie NHBC (National House Building Council) und dem BRE (Building Research Establishment) waren im weiteren mit der Begleitung der Realisierung beauftragt.

NHBC ist in Großbritannien ein unabhängiger und gleichzeitig führender Garantie- und Versicherungsanbieter für Um- und Neubauten und hat hierzu sein eigenes 'robustes' Normenwerk. NHBC sichert auf der Basis eines Zertifikates oder einer Zulassung die entsprechende Ausführungsqualität ab und schützt den Konsumenten. Die mit NHBC registrierten Neubauten bekommen eine 10-jährige Garantie, dass sie entsprechend der NHBC Vorschriften gebaut worden sind. In manchen Bereichen, vorwiegend dem Wohnungsbau, ist eine NHBC Zulassung oder Zertifizierung Grundlage für jegliche Baufinanzierung.

Internal view during the installation of services, September 2008.

Innenansicht, Leitungsinstallation, September 2008.

The material was new to the NHBC, cross-laminated timber never having been used by a UK house builder before Stadthaus. The organisation agreed to treat the project as a pilot scheme, and began its process of scrutinising the material in detail.

Because some of the details of Stadthaus went against the received wisdom about timber construction, this process took longer than it might otherwise have done. The architect's challenge was to convey that Stadthaus is not a timber frame design, and that KLH is a timber panel system, and this has implications on how the details are designed.

Exhaustive checks into the technical plans for Stadthaus were required by the BRE. The BRE exists to test products and give technical data on their performance – a service paid for by the material supplier, in this case KLH. Once again, although the manufacturer had the approvals in place to meet European standards, the certification was not fully acceptable in the UK. The European certificate stated that the material had a fifty-year lifespan but in order for the project to be approved by NHBC, British certification stating a sixty-year lifespan was required.

The BRE were given a tough task: to carry out a full appraisal of the material, the

Im Fall vom Stadthaus erwartete der Developer Telford Homes als zusätzliche Absicherung ein sogenanntes 'NHBC Approval'. Da Brettsperrholz noch nie zuvor in Großbritannien bei einem Wohnungsbauprojekt dieser Größe und Dimension benutzt worden war, war auch das Material und die Montageverfahren für NHBC gänzlich neu. Der NHBC beschloss den Bau des Stadthauses als ein Modellprojekt zu behandeln und begann darauf den Baustoff und Abläufe bis ins letzte Detail zu untersuchen. Das Stadthaus entspricht nicht unbedingt dem bisherigen Sachverständnis und Standard im Bereich Holzbau, entsprechend dauerte dieser Begutachtungsprozess weitaus länger als normalerweise. Folglicher Weise war es wesentliche Aufgabe der Architekten darzustellen, dass es sich bei dem Stadthaus keineswegs um eine übliche oder vergleichbare Holzrahmenkonstruktion handelte, sondern um ein Panel– und Scheibensystem aus massivem Holz, und dass es anderer Lösungen Details bedarf als im traditionellen Sinne.

KLH konnte bereits eine Vielzahl von versicherungstechnischen Zulassungen, wie Zurich Approval, und viele nationale bautechnische Zulassungen vorlegen. Ausschlaggebend war jedoch die ETA, European Technical Approval (Europäische Technische Zulassung). Ergänzend hat KLH den BRE beauftragt alle vorliegenden

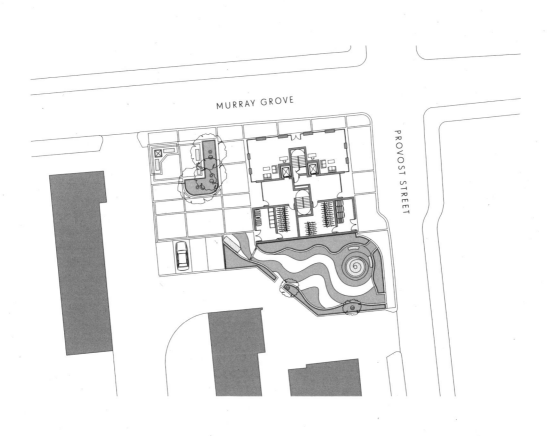

Ground floor plan showing communal amenities and commercial space.

Erdgeschossgrundriss mit den Gemeinschaftsanlagen und Bürofläche.

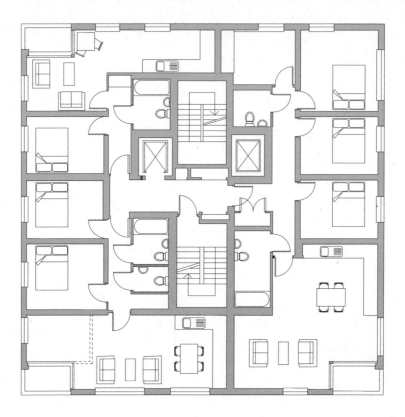

system, and the design in a very short time. The NHBC could not certify the building until the BRE had signed the sixty-year lifespan, meaning that none of the partners could be sure the building would be constructed as intended. While waiting to gain BRE and thus NHBC approval – a detailed process that took almost six months – the client and design team began to plan out the option for a concrete and steel building. The developers' priority had to be to complete the building on time.

Zulassungen zu prüfen und zu kommentieren und darüber hinaus eine erweiterte zu erwartende Lebenszeit des Produktes zu bestätigen. BRE und NHBC erwarten in UK ein Minimum von 60 Jahren. Die europäische Zulassung sieht jedoch nur 50 Jahre vor. BRE untersuchte alle Aspekte von der Herstellung über den Transport und die Montage und letztendlich auch die Einflüsse von Folgegewerken auf der Baustelle auf mögliche Einflüsse auf die Dauerhaftigkeit des Produktes. Richtig behandelt wird auch dieses Holzprodukt Generationen überleben. Die Kosten für diese Zulassungsverfahren hat der Hersteller KLH übernommen.

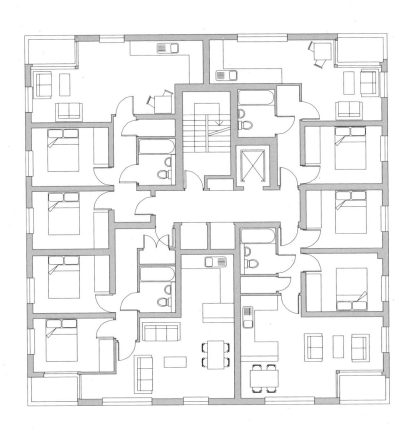

(Left) Third floor plan showing typical affordable housing units.
(Above) Fifth floor plan showing typical private housing units.

(Links) Drittes Obergeschoss mit typischen Wohneinheiten / Sozialwohnungen.
(Oben) Fünftes Obergeschoss mit privaten Wohneinheiten.

Throughout the planning process and while the details of the construction were honed, ties were being made with the local community. No matter how desirable the apartments, how quickly they sell or how many column inches are earned by the architecture, there can be no success without social cohesion. Many of London's least successful housing developments tend to be those that were designed and constructed out of context, with no relationship to their community.

Stadthaus, a brand new private residential building, sits within a large socially rented housing estate. Telford Homes is experienced in constructing new buildings in such situations, and when it took over the project from the initial developer, one of its first actions was to stage an exhibition of the plans

Dieser Prüfungs– und Begutachtungsprozess hat natürlich Zeit in Anspruch genommen, schaffte letztendlich aber Gewissheit bei allen Beteiligten auf dem richtigen Weg zu sein. Kleiner Wermutstropfen am Rande ist die Tatsache, dass sich die Baufirma in Folge der lange Bearbeitungszeit die Option für eine konventionelle Stahlbetonbauweise offen hielt und sogar das Fundament für die Lasten eines Stahlbetonskelett ausgeführt wurde, um folglich nicht den Fertigstellungstermin zu gefährden.

Ganz nach dem Motto 'Gut Ding will Weile haben' hat auch diese 'Wartephase' ihre positive Seite. Man hatte viel Zeit sich mit der örtliche Kommune vertraut zu machen, die Kommune in den Bauprozess zu integrieren, was gerade bei einem solchen Wohnbauvorhaben absolut Sinn macht, gar ein absolutes Muss ist. Die Wohnungen können noch so begehrt sein, sich noch so schnell verkaufen lassen und die Architektur mag in noch so vielen Zeitungen und Zeitschriften gepriesen werden, ein wahrer Erfolg ist solch einem Projekt nur durch seinen sozialen, kommunalen Kontext garantiert. Beispiele wie Wohnsiedlungen nicht funktionieren, mutwillig zerstört werden oder ein bedrückendes Gefühl bei allen Bewohnern und Besuchern auslösen findet man in London zur Genüge. Der Bezug auf die Nachbarschaft und Zusammenarbeit mit der Gemeinde erweisen sich immer als der bessere Weg.

Das Stadthaus ist ein brandneuer Privatwohnungsblock inmitten einer Mietwohnsiedlung und Sozilawohnsiedlung. Telford Homes ist ein Experte wenn es um die Umsetzung solcher Bauvorhaben und solcher Architektur geht und weiß sich jeweils in die örtliche Situation einzubringen. Nachdem Telford Homes das Projekt von dem ursprünglichen Bauunternehmer übernommen hatte, war einer der ersten Schritte eine Ausstellung der Baupläne im örtlichen Gemeindezentrum. Alle lokalen Interessensgruppen, Gemeinderäte, und die Nachbarschaft hatten dadurch direkten Zugang zu dem, was in der Nachbarschaft

at the local community centre. This ensured that local stakeholders, councillors, and residents' associations were immediately given the opportunity to understand the proposals and to voice their concerns. This process allowed them to gradually forge a relationship with the developer, and to appreciate the new building.

A number of decisions were subsequently taken in partnership with the community, including an arrangement to borrow a small stretch of land to the rear of the site for deliveries. Minimal as these requirements were, the site itself was too small to accommodate it. The land in question, which was derelict when building commenced, was promised back to the community as a new children's play area. In addition, Telford Homes granted a lease at a peppercorn rent for the ground floor offices of the new building to the local tenants' association – which at the time had no premises of its own.

As the first building of its kind Stadthaus would not have been possible without the profound involvement and input of all parties – from the community to the insurance providers. All helped to create the practices and guidelines that, it is hoped, will smooth the path for future solid timber buildings.

passieren wird – und konnten all ihre Bedenken, Sorgen und Ideen los werden. Dadurch entsteht größere Akzeptanz und Wertschätzung gegenüber Neuem in der Gemeinde. Mehrere Entscheidungen wurden gemeinsam mit der Kommune getroffen wie z.B. die Überlassung eines brachen Grundstückteils zur Lagerung von Baumaterial und Baustelleneinrichtung. Im Gegenzug stellte Telford Homes sicher, dass nach Baufertigstellung die Brache zu einem neuen Kinderspielplatz umgebaut wird. Außerdem überlies Telford Homes dem lokalen Mieterverein, der zu dieser Zeit keine Geschäftsräume hatte, die gewerblichen Räume im Erdgeschoss des Gebäudes.

Das Stadthaus ist das erste Gebäude seiner Art, und wäre nicht möglich gewesen ohne die fundierte Zusammenarbeit aller Beteiligten, von der Kommune bis hin zum Versicherer. Es bleibt zu hoffen, dass die gewonnenen Erkenntnisse als Wegbereiter für ähnliche Bauprojekte in der Zukunft dienen können.

Um die technische Realisierbarkeit nachvollziehbar aufzuzeigen und um einen fundierten Bemessungsansatz von Hochhäusern in der Holzbauweise zu etablieren, war eine frühe Einbindung des Tragwerksplaners in den Planungsprozess des Stadthauses unerlässlich. Die großen Herausforderungen waren die Sicherstellung der Gebäudestabilität und die Berücksichtigung der Langzeitlasten einerseits und eine Reduzierung des 'Brandfall' – Risikos andererseits. Das Fehlen von bisherigen Präzedenzfällen machte es erforderlich, die Berechnungs – und Konstruktionsansätze von den Grundsätzen her zu entwickeln.

Die Kontinentaleuropäischen Bauordnungen weisen ausdrücklich auf die 'nichtbrennbare' Ausbildung von Gebäudekernen hin, ohne jedoch auf das spezifische Brandverhalten des Baustoffes Holz einzugehen. So wurden mehrgeschossige Gebäude aus Holz in der Vergangenheit mit einem Stahlbetonkern ausgeführt. Für das Stadthaus wurden Kerne aus Holz vorgeschlagen. Das prinzipielle Tragverhalten von Kreuzlagenholz in Verbindung mit einer konsequent umgesetzten zellularen Bauweise resultiert in einer Minimierung örtlich eingetragener Lasten und der Detailkomplexität des Gebäudes. Die Baustoffe Holz und Beton haben ein deutlich unterschiedliches Bewegungsverhalten, besonders hinsichtlich des Kriechens und Schwindens, aber auch des Temperaturverhaltens. Eine durchgängige Konstruktion in Holz vermeidet die Notwendigkeit einer komplizierten Fugenausbildung.

In order to prove the feasibility of high-rise buildings in engineered timber and to set out the best approach to their design, the Stadhaus project required considerable structural input from the outset. The main challenges were ensuring that stability and long term movements were properly considered and fire risks minimised. With no precedent for a timber building of this height much of the design of Stadhaus had to be developed from first principles.

SOLID STRUCTURAL ENGINEERING

Continental European regulations specify that building cores must be built from non-combustible materials, without any further consideration given to their actual performance in fire. Previous examples of tall timber buildings

Die traditionelle Holzrahmenbauweise kann durch die Anordnung sich kreuzender mit Holzwerkstoffplatten beplankten Holzrippen beschrieben werden. Die zellulare Bauweise des Stadthaus, rechtwinklig angeordnete Wände und Decken, generiert ein dreidimensionales

have therefore been constructed around rein-forced-concrete cores. For Stadthaus timber cores were proposed. The design principles of cross-laminated lumber exploit the inherent in-plane stiffness of timber walls wherever possible and timber walls throughout the building avoided a concentration of loads at the core edges and the attendant complexity of detailing. Concrete and wood have very different movement characteristics and an all-wood structure avoids the need for complicated movement joints.

Traditional timber framing is usually conceived as a series of planar crossframes. The cellular construction of Stadthaus, orthogonal walls and floors, forms a three-dimensional system of interlocking plates which can be exploited to maximise the robustness of the structure. For maximum stability Techniker mobilised all the vertical elements as shear

walls to provide plenty of spare capacity to resist vertical loads and wind. This redundancy was ensured by the design engineers working through the early plans, layering colour-coded plans of tracing paper to find load-paths down through the building. On this basis a set of guidelines was established from which Waugh Thistleton could develop their layouts.

System von ineinander greifenden Scheiben, welches die Gebäudestabilität erheblich verbessert. Durch die Verwendung aller vertikalen Wandscheiben für vertikale Aussteifung des Gebäudes wurde eine zusätzliche Unbestimmtheit und damit ein höheres Sicherheitsniveau als gewöhnlich erreicht. Diese Redundanz wurde durch ein frühzeitiges Einbinden des Tragwerksplaners in das Gebäuderaumkonzept sichergestellt. Auf der Grundlage der Architektenpläne wurden mittels Transparentpapier die möglichen Lastwege identifiziert und farbig angelegt. Techniker konnte so Waugh Thistleton statische und konstruktive Rahmenbedingungen für die endgültige Grundrissgestaltung bereitstellen.

SOLIDE STRUKTUR

Obwohl das Stadthaus das erste Holzhochhaus mit einem Holzkern ist, wurde seitens Techniker ein Erdgeschoss in Stahlbetonbauweise vorgeschlagen. Ausschlaggebend hierfür war, dass im Erdgeschoss ein grundsätzlich abweichendes Raumkonzept und damit abweichende Anordnung von stabilisierenden Wandscheiben erwünscht war. Eine Stahlbetonkonstruktion erwies sich als die optimale statische Lösung, um einen

Although Stadthaus is the first tall building with an entirely timber core the design team opted for a reinforced concrete ground storey. This was due in part to the fact that the internal walls at ground floor bear little relation to those above. The resulting transfers of vertical load are much better handled in a reinforced concrete slab. Keeping the timber off ground level also precludes the risk of moisture damage if damp proofing fails.

In the same manner as for tall reinforced concrete structures, different design criteria for timber structures become significant as overall height increases. The simple 'platform' construction preferred by constructors is limited by the number of storeys that will bear down on the floor slabs towards the base. If special joints are provided to transfer loads directly from wall to wall down the building then the height can be increased until lateral load resistance begins to dominate the thickness of the walls. Long term effects such as creep deflection and moisture movements must also be allowed for. If extra bracing is added, concrete or steel cores or reinforced wall plates then designs can carry on up untill the limit of the timber strength in vertical load-bearing capacity.

Although Techniker had worked with cross-laminated timber previously and was familiar with the material's characteristics, it

sicheren und verformungsarmen Lasttransfer in die Fundamente zu gewährleisten. Hinzu kommt, dass damit das Risiko von Feuchtigkeitsschäden am Holz reduziert werden konnte.

In Analogie zu den Stahlbetonkonstruktionen müssen mit zunehmender Höhe von Holzkonstruktionen andere Bemessungsansätze und – kriterien angenommen werden. Die einfache, von Baufirmen bevorzugte 'Plattformbauweise' wird durch die Anzahl der lastabtragenden Geschosse begrenzt. Werden hingegen die horizontalen Fugen so ausgestaltet, dass ein direkter Lastübertrag zwischen den aufgehenden Wänden möglich ist, kann die Gebäudehöhe erheblich bis zu dem Moment gesteigert werden, wo die horizontalen Einwirkungen und weniger die vertikalen Einwirkungen das Widerstandsniveau der Wände bestimmen. Langzeiteffekte wie Kriechen und Feuchtigkeitseinwirkungen sind ebenfalls zu berücksichtigen.

Trotz der langjährigen Erfahrungen von Techniker im Umgang mit Kreuzlagenholz erwies es sich als Komplex, die Effekte und die Berechnungsparameter für das Erfassen von Langzeiteinwirkungen zu evaluieren. Holz hat die Eigenschaft, sein Volumen entsprechend des Feuchtigkeitsgehaltes in der Atmosphäre anzupassen (Quellen und Schwinden).

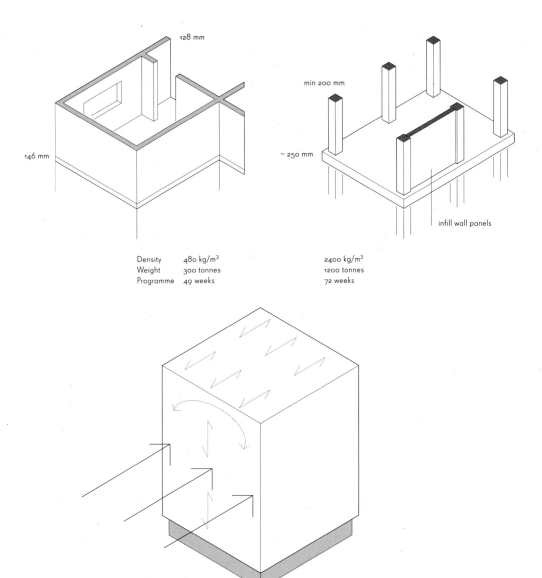

128 mm

min 200 mm

146 mm

~ 250 mm

infill wall panels

Density	480 kg/m³		2400 kg/m³
Weight	300 tonnes		1200 tonnes
Programme	49 weeks		72 weeks

(Top) Comparison of construction methods: reinforced concrete structure and cross-laminated timber panel structure. (Bottom) Wind loads on the façades are transferred firstly into the external wall panels and then into the floors. The floors then transfer the horizontal loads into the internal and external load bearing walls by diaphragm action and finally into the reinforced concrete foundations.

(Oben) Vergleich der Konstruktionsmethoden Stahlbeton – und Kreuzlagen-holz-Konstruktion. (Unten) Die auf die Fassade einwirkenden Windkräfte werden durch die Scheibenwirkung der Geschossdecken zuerst in die lasttragenden Waendelemente und dann schliesslich ins Fundament abgeleitet.

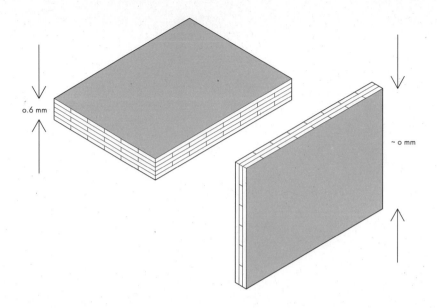

o.6 mm

~ o mm

proved difficult to settle on parameters with which to assess long-term movements. Timber inevitably expands and contracts with moisture changes in the atmosphere. Cellulose fibres bed down under sustained loading and temperature changes induce thermal movements. Engineered timber has very low movement levels and published data and test results were reconciled to produce reliable design information.

The concept design had apartments arranged in a rectilinear crate pattern around a central core, minimising the need for transfer elements. The external walls had sufficient capacity for Waugh Thistleton to adjust the fenestration to avoid repetitive elevations. The hierarchy of the structure has the external walls spanning between floors to transfer wind loads into the horizontal plates which in turn distribute

Unter Langzeiteinwirkung nehmen die Verformungen in den Holzfasern erheblich zu. Temperaturänderungen resultieren in nicht zu vernachlässigenden thermischen Bewegungen. Ingenieurholzprodukte sind generell entworfen, um diese Bewegungsanfälligkeit zu reduzieren. Aktuelle Literatur und Forschungsergebnisse wurden herangezogen, um zuverlässige Bemessungsansätze zu entwickeln.

Das bereits erwähnte architektonische Konzept der zellularen Bauweise um einen zentralen Kern minimiert die Notwendigkeit von Transferelementen. Die Außenwände haben ausreichende Reserven, um eine über die Geschosse variierende Fensterbandgestaltung seitens Waugh Thisleton zu ermöglichen. Der prinzipielle Horizontallasttransfer kann wie folgt beschrieben werden: Aussenwände in die aussteifenden Deckenscheiben, aussteifende Deckenscheiben in die vertikal aussteifenden Wandscheiben. Alle aussteifenden Wandscheiben sind in der Betonkonstruktion im Erdgeschoss rückverankert, welche monolithisch mit der Gründung verbunden ist.

Ausreichende Sicherheit im Unglücksfalle gegen den progressiven Kollaps war der kritische Abschnitt der Bemessung. Ein neungeschossiges Gebäude muss in Übereinstimmung mit strengen Auflagen der britischen

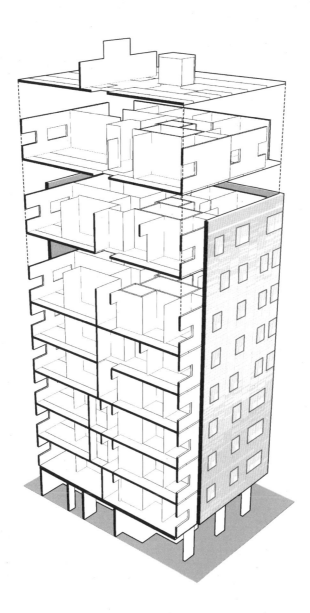

(Left) Total movement perpendicular to the grain due to moisture in a typical floor panel beneath a load-bearing wall. Movement in wall panels (load parallel to grain) is negligible. (Above) The apartments are arranged in a honeycomb pattern around a central core.

(Links) Schwund– und Quellverhalten quer zur Faserrichtung. Quell– und Schwindverhalten in Faserrichtung kann ignoriert werden. (Oben) Die Wohneinheiten sind in einer Art Wabenstruktur um den Kern angeordnet.

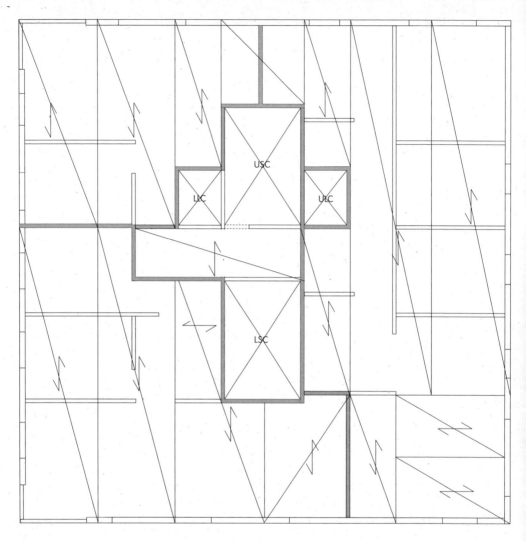

party wall line
ULC   ULC upper lift core
LLC   LLC lower lift core
LSC   LSC lower stair core
USC   USC upper stair core

Typical floor panel layout showing continuity over internal walls but discontinuity between apartments and public spaces.

Anordnung der Deckenpanele um eine Scheibenwirkung im Bereich der Wohnungen zu erzielen. Im allgemeinen Korridorbereich wurde die Scheibenwirkung unterbrochen.

these forces into the perpendicular internal and external walls. All the walls are anchored to the concrete podium, which finally transfers the stability loads into the foundations.

The crucial part of the design was making adequate provisions to prevent progressive collapse. At nine storeys high the building had to meet the stringent regulations set in place subsequent to the Ronan Point disaster in Newham in 1968. Misuse or accidental loadings must not cause undue damage to a structure.

There are three established approaches to avoiding this scenario, previously only worked through for reinforced concrete, steel and masonry structures. One way is to ensure that all the parts of a building are adequately tied together. Alternatively any single part can be theoretically removed and the remaining structure must be capable of sustaining itself. Thirdly all parts of the structure can be sized to resist an accidental load, typically a local pressure of 34 kN per square metre. In the era of natural gas this equates to the ignition of a portable butane cylinder.

There are no official guidelines for the design of timber buildings using these methods. Designing a timber element and its associated fixings for the full impact load would be extremely onerous and probably unnecessary. Instead Techniker took advice from the Timber Research

Baunormen geplant werden, welche die Lehren aus dem 'Ronan Point' Desaster in Newham 1968 gezogen haben. Missbrauch oder rein außergewöhnliche Lastfälle (Explosion, Stoss) dürfen nicht zu einem disproportionalen Schaden an einer Tragstruktur führen.

Es stehen drei etablierte Methoden für den Nachweis der Sicherheit des disproportionalen Kollapses zur Verfügung, auch wenn diese nur für übliche Mauerwerks, Stahlbau und Stahlbetonkonstruktionen normativ verankert sind. In Abhängigkeit von der Gebäudeklasse verlangt die erste Methode eine ausreichend horizontale, beziehungsweise horizontale/vertikale zugfeste Verbindung der Konstruktionselemente. Alternativ kann nachgewiesen werden, dass im Falle eines teilweisen Kollapses des Gebäudes die restlichen Gebäudeteile standsicher verbleiben. Im Extremfall muss die Widerstandsfähigkeit der tragenden Elemente gegen katastrophale Lasten nachgewiesen werden. Die dann anzunehmenden Lasten von 34 kN entsprechen der Explosionslast eines transportablen Butanzylinders.

Gegenwärtig stehen keine verbindlichen Bemessungsrichtlinien für den disproportionalen Kollaps von Holzbauwerken zur Verfügung. Eine Bemessung von Holzelementen und ihrer Verbindungselemente für ein Einwirkungsniveau von 34 kN würde zu einer unverhältnismäßigen und unwirtschaftlichen Überbemessung der Konstruktion führen. In Zusammenarbeit mit der 'Timber Research and Development Association (TRADA)' und der 'UK Timber Frame Association (TFA)' entwickelte Techniker ein kombiniertes Konzept aus der zugfesten Verankerung und des teilweisen Kollapses einzelner Elemente.

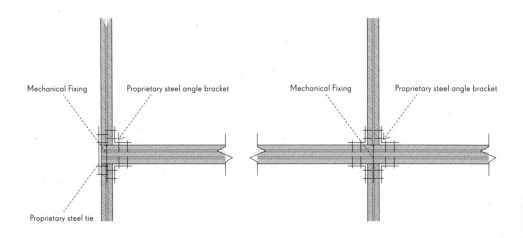

Mechanical Fixing   Proprietary steel angle bracket

Proprietary steel tie

Mechanical Fixing   Proprietary steel angle bracket

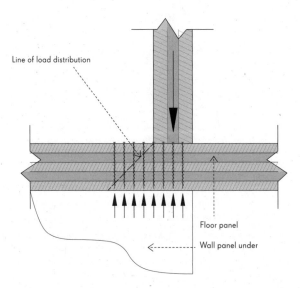

Line of load distribution

Floor panel

Wall panel under

Local strengthening of floor panels using screws to increase compressive strength at points of high load

(Top) Typical external and internal wall to floor connection details using proprietary screws and brackets. (Bottom) Local strengthening of wall panels using screws to increase compressive strength at points of high load.

(Oben) Typische Verbindung von Wand– und Deckenelementen, Standardwinkel und Holzbauschrauben. (Unten) Örtliche Verstärkung von Wandpanelen zur Aufnahme hoher Punktlasten und zur Reduktion von Kompressionskräften.

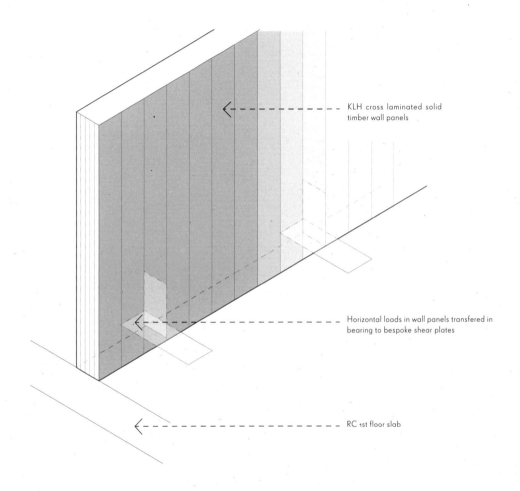

KLH cross laminated solid
timber wall panels

Horizontal loads in wall panels transfered in
bearing to bespoke shear plates

RC 1st floor slab

Horizontal load transfer between cross-laminated timber and reinforced concrete podium slab at first floor level.

Horizontale Lastabtragung zwischen Kreuzlagenholz und Stahlbetondecke des Erdgeschoss.

and Development Association (TRADA) and the UK Timber Frame Association (TFA) to come up with a method combining adequate tying and partial removal of elements. A notional lateral force of 7.5 kN/m on any component and the notional removal of a section of wall were taken as the design requirement. This criteria was met by ensuring primary floor panels were continuous over a minimum of two supporting walls and by staggering the adjacent panels. These units were then designed either to span twice the distance as normal service or to cantilever when supports are removed.

In certain places in the building the internal organisation made these arrangements impossible to achieve and alternative secondary load-paths had to be introduced. The primary load-path is generally direct from floor and down through the walls. When accidental load-paths are mobilised these lead through external walls acting as deep beams spanning damaged areas or through floor plates spanning crossways away from the failed support.

Techniker considered developing bespoke details to clamp the floors tightly

Im ersten Schritt wurden sämtliche Vertikalelemente für eine horizontale Ersatzlast von 7.5 kN bemessen. Weiterhin wurde die Reststabilität der Struktur nachgewiesen, falls einzelne Wandelemente unbeabsichtigt entfernt werden sollten. Dies konnte durch eine gestaffelte Mehrfeldträgerwirkung der Deckenelemente sichergestellt werden. Die Deckenelemente wurden dann entweder als Einfeldträger oder Kragträger in diesem katastrophalen Lastfall bemessen.

In Einzelfällen konnte dieses Grundkonzept nicht angewandt werden. Dann kam ein alternatives Lastpfadszenario zum Tragen. Gewöhnlich verlaufen die Kräfte über die Deckenplatten, die Wände und die Fundamente in den Baugrund. Im Falle eines außergewöhnlichen Lastfalls 'Entfernung einer Wandscheibe' wurden die darüber liegenden Wandelemente oder Deckenelemente als wandartiger Träger beziehungsweise kreuzweise spannende Platten bemessen.

Techniker beabsichtigte ursprünglich, eine Vielzahl von individuellen Details für die Verbindung zwischen den Wandscheiben und Deckenplatten zu entwickeln. Dieser Ansatz für ausreichend robuste Verbindungen erwies sich aufgrund der geringen Tragfähigkeit von Holzverbindungen und der damit einhergehenden Menge als unökonomisch. Stattdessen wurden Standardholzverbinder in regelmäßigen Abständen geplant und verwendet – im gesamten Gebäude kamen nur 2 unterschiedliche Winkelverbinder und 2 unterschiedliche Schraubentypen zum Einsatz. Lediglich die Verbindungen zwischen der Beton– und Holzstruktur im Erdgeschoss mussten individuell angepasst werden. Durch

between the wall panels. This approach to robustness is expensive given the low strength of timber connectors. Instead the engineers used standard 'off the shelf' brackets and plates at regular centres. Floors were screwed directly through to wall panels below. Only two bracket/plate details and two types of screw were deployed throughout the whole building, excepting the bespoke fixing required between timber and concrete at first floor level. With so few fixings to choose from the risk of on-site error was minimised and supervision costs saved. The simple fixings were distributed through the building in accordance with the pattern of forces occurring at each junction.

Stadthaus was carefully designed to distribute and minimise compressive stresses throughout the wall panels. However the nature of the construction, with wall panels building up above one another, combined with the fact that the floor layout changes half-way up the building, means that in certain places loads are sufficient to crush the side grains of timber. In such locations panels are reinforced with arrays of screws to carry forces into the body of the material.

Building tall exaggerates the consequences of creep and moisture movements. Engineered timber is specifically designed to minimise dimensional changes. In Stadthaus these effects were mitigated by mobilising all the available walls to carry vertical loads in an even distribution. Compressive stresses were limited to fifty percent of their safe value to reduce long-term deflections.

The cladding, internal finishes and vertical circulation components, handrails and trims were detailed to allow for shortening,

die Optimierung der Verbindungsmittel konnte das Risiko von Baustellenfehlern reduziert und Überwachungskosten gespart werden. Die Verteilung der Verbindungsmittel wurde dem tatsächlichen Kraftfluss angepasst.

Das Stadthaus wurde sorgfältig bemessen, um die Verteilung der Kräfte zu optimieren und die maximalen Druckspannungen in den Wandscheiben zu reduzieren. Die Natur der Konstruktion – geschossweise gestoßene Wandscheiben mit einem sich ändernden Geschosslayout – resultierte örtlich in rechnerischen Spannungsspitzen und lokalen Einpressungen. Unter diesen Umständen wurde die Panele an den kritischen Punkten mit einer Reihe von Schrauben verstärkt.

In hohen Bauwerken ist dem Schwinden und den Kriechen eine erhöhte Bedeutung zu zumessen. Ingenieurholzprodukte sind speziell dafür entwickelt, die Auswirkungen des Kriechen und Schwindens zu minimieren. Im Falle des Stadthauses wurden die Effekte durch das Heranziehen aller vertikaler Holzwandscheiben und der damit einhergehenden gleichmäßigen Lastverteilung und -abtragung zusätzlich abgemildert. Die zulässigen Holzdruckspannungen wurden grundsätzlich auf 50 % reduziert, um die Langzeitverformungen einzuschränken.

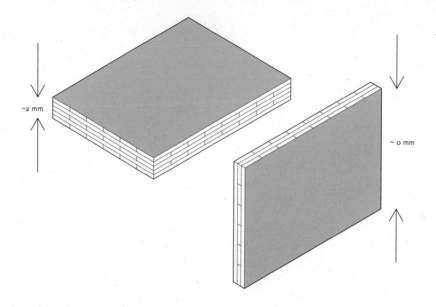

Total movement perpendicular to the grain due to load (creep) in a typical floor panel beneath a load-bearing wall. The movement in wall panels (load parallel to grain) is negligible.

Quell –, Schwind – und Kompressionsverhalten der Geschossdecken unter Last (quer zur Faserrichtung) Veraenderung unter Last laengs zur Faser koennen vernachlaessigt werden.

expansions and contractions between floors. The regular jointing of panels introduces a degree of tolerance into the system, sufficient to accommodate the expansions and contractions brought on by the temperature swings of the North European climate. A preliminary design model taking account of time predicts an eventual shortening of the building by 25 mm, (less than 0.1 %). The timber panels were fully protected during their journey from works in Austria to the site. Once in place they were able to withstand the elements without covering until the building was topped out and closed in by its rain-screen and roofing.

A key advantage to the use of cross-laminated solid timber panels over traditional timber framing lies in the potential to add value

Alle Details der Fassadenelemente, internen Gestaltungselemente, Handläufe, Verkleidungen und Installationen wurden verformungsfreundlich konstruiert, um mögliche Setzungen durch Schwund in den Tragelementen aufzufangen. Die regelmäßige Fugenanordnung induziert ein ausreichendes Toleranzspektrum in das System, ausreichend genug, um Temperaturdehnungen des nordeuropäischen Klimas zu kompensieren. Die Vorbemessung ergab eine Gebäudesetzung von 25 mm, was weniger als 0.1 % der Außenmaße entsprach. Alle Holzplatten wurden wettergeschützt von den KLH – Werken in Österreich auf die Baustelle transportiert. Einmal eingebaut, waren die Tragelemente in der Lage, auch ohne Schutzmaßnahmen den Elementen zu trotzen, solange die Gebäudehülle noch nicht geschlossen war.

Ein wesentlicher Vorteil des Kreuzlagenholzes gegenüber Bauholz ist der hohe Grad an Vorfertigung.

at the works. Not only are the panels precisely cut to size but profiles and holes of all kinds can be incorporated using computer-guided routing machines. Service runs and connections are easily set into the components. The designer is encouraged to consider these provisions from the very earliest stage of the design to make the most of the manufacturing process. For Stadthaus the economies of standardised components was exploited by working out a layout with one size panel for all internal and external walls and one size for all floors and walls.

The principles of fire-engineering for timber buildings are well established. In a blaze solid wood chars progressively with a layer of charcoal developing which slows the initial rates of combustion. Samples of cross-laminated timber were tested and a very conservative assessment made for use in the design. The fire resistance of the main structural elements of Stadthaus have been set at 90 minutes and the natural resistance of the timber sections has been further enhanced with casings of plasterboard.

The biggest challenge in the engineering of this tall timber building was refraining from reverting to standards intended for concrete or steel structures. Timber has its own qualities and characteristics to form the starting point for a design developed from first principles to achieve an appropriate result. The one criterion which was adopted from the start therefore was a prerogative to respect the material, to know and understand its boundaries, and not to over-engineer it.

Schon im Werk sind die Holzelemente in allen Dimensionen präzise zugeschnitten. Hinzu kommt die Möglichkeit, Öffnungen und Profile mittels CNC gesteuerten Fräs– und Schneidewerkzeugen maßgenau zu definieren. Alle Öffungen und Aussparungen werden so schon vor dem Transport lagegenau in die Struktur integriert. Das Planungsteam war somit angehalten, schon in frühen Planungsphasen ein homogenes Konzept zu erarbeiten, um eine maximale Ausbeute aus dem Fabrikationsprozess zu erlangen. Im Stadthaus wurde der Fertigungsprozess weiterhin durch die Einführung standardisierter Wand– und Deckenelemente – jeweils ein Standardelement für interne, externe Wände und Decken optimiert.

Die Grundsätze der Heißbemessung für Holzbauprodukte sind bekannt. Im Falle eines Feuer an massiver Kreuzlagenholzplatten verlangsamt sich die Abbrandrate erheblich, sobald die äußere Holzlage durchgebrannt ist. Brandversuche mit Kreuzlagenholz wurden durchgeführt und ein konservatives Bemessungskonzept angewandt. Der Feuerwiderstand der tragenden Elemente konnte für 90 Minuten bestätigt werden. Die inhärente Feuerwiderstandsdauer wurde durch die Anordnung von Beplankungen zusätzlich erhöht.

Die größte Herausforderung eines Holzhochhauses lag in der Entwicklung neuer Bemessungsansätze ohne auf die bekannten Konzepte der Stahlbeton – und Stahlbaubemessung zurückzugreifen. Holz hat seine eigenen Qualitäten und Eigenschaften. Das daraus entwickelte Bemessungskonzept ermöglichte ein sachgerechtes Ergebnis. Der Leitfaden für die Konstruktion, Berechnung und Detaillierung des 'Stadthauses' war der Respekt vor dem Baumaterial Holz, das Verstehen seiner Stärken und Schwächen mit dem Ziel eine Überbemessung zu vermeiden.

Der Holzrohbau des Stadthauses wurde in einem Zeitraum von 9 Wochen und in nur 27 Werktagen errichtet und allein vier KLH Monteure waren für die Fertigstellung nötig. Der Holzbau steht auf einem Betonpodium über dem Erdgeschoss. Die Gesamtfundamentierung und das Erdgeschoss sind in Stahlbeton ausgeführt. Mit einer der ausschlaggebenden Gründe hierfür war, dass der Bauherr sich die Stahlbetonvariante als Option so lange wie möglich erhalten wollte.

The timber structure was erected over a nine-week period, with only twenty-seven days of that actually spent on site. The four KLH-trained craftsmen were the sole construction professionals responsible for the erection of the structure.

A construction site for a timber building is unrecognisable compared to its reinforced concrete equivalent. The working conditions are exceptionally favourable, being clean, relatively dust-free and quiet. There is no need for a tower crane – which would require

Das Stadthaus verlangte von allen Beteiligten, Architekten, Ingenieure, Auftraggeber und auch von den Bauaufsichtsbehörden eine große Portion Courage. Von daher scheint es verständlich, dass sich der Bauherr die Option konventionell zu bauen so lange aufrecht erhielt. In die Zukunft blickend ergeben sich hier weitere Einsparungsmöglichkeiten, finanziell und bezogen auf die CO_2 Bilanz.

Eine Baustelle auf der ein Holzbau erstellt wird, unterscheidet sich deutlich von Baustellen wo konventionell gebaut wird. Die Baustelle ist sauber, um nicht sogar zu sagen nahezu staubfrei und äußerst ruhig. Sauberkeit

SITE LINES

separate foundations – or large storage areas, as the lightweight panels can be installed directly from the lorry using a mobile crane. Heavy machinery is kept to a minimum and despite the fact that there were residential apartments just ten metres from the site there were no complaints about noise through the construction. The structural material is revolutionary, but the follow-on trades and materials used when building in cross-laminated timber panels are

und die deutlich reduzierte Lärmemission sind ein großer Vorteil für die Menschen auf der Baustelle und auch für die gesamte angrenzende Nachbarschaft. Darüber hinaus erzeugt dieses angenehme Arbeitsumfeld eine sehr motivierende Atmosphäre. Positive und motivierende

surprisingly and refreshingly traditional. Timber was a joy to work with in numerous ways. For example, when electricians are carrying out the first fix on a concrete building it is necessary to use a hammer drill to make fixing in the wall. Such tools are well known to be physically demanding and destructive in the long-term to the health of the operator. In timber the first fix was fast and simple, requiring nothing more strenuous than a standard cordless drill.

Similarly the lift manufacturers were impressed at how easily the lift casing could be installed. With a concrete lift shaft the walls are rarely plumb and at Stadthaus the concrete shaft required between the ground and first floor required some straightening out. However, from the first floor upwards in the timber shaft the lift machinery was simply bolted in, while

the staircases were dropped in by crane without the need for any adjustment.

As every floor and wall was prefabricated tolerances were kept to a minimum and is accurate to +/- 1 mm. Service risers line through, windows and door openings were correctly positioned to the millimetre. When it came to the cladding, the contractors were able to take a line from the top of the building and drop it straight down whereas often with

Atmosphere auf Baustellen wurde bislang nicht in einen wirtschaftlichen Kontext gestellt. Alle Beteiligten in der Ausführung der Holzkonstruktion und in den Folgegewerken sind sich einig – wir sind schneller im Holzbau als in vergleichender konventioneller Bauweise.

Die Vormontage der Elektriker ist ein gutes Beispiel. Auf konventionellen Baustellen verwendet er eine Schlagbohrmaschine, steckt ein Dübel ein und wechselt dann zu einem batteriebetriebenen Bohrschrauber. Vor allem Schlagbohrmaschinen sind allgemein bekannt für die hohen körperlichen Ansprüche, die sie an die Bauarbeiter stellen, die mit ihrer langfristigen Benutzung verbunden sind. Beim Massivholzbau dagegen war die Erstmontage schnell und schmerzlos, mehr als ein normaler batteriebetriebener Bohrschrauber war nicht nötig.

Für die Montage vom Stadthaus wurden keine stationären sondern Mobilkräne eingestetzt, und jeweils auf den Fortschritt des Gebäudes angepasst. Die KLH Platten wurden direkt vom LKW mit dem Mobilkran in Position gehoben und dann fixiert. Der Kran war die einzige Lärmquelle während der gesamten Montagezeit.

Zu Beschwerden aus der Nachbarschaft kam es nicht! Bei einer so dicht bebauten Nachbarschaft sind Beschwerden eher die Regel.

Selbst Aufzughersteller zeigen sich beeindruckt von der Einfachheit des Aufzugschachts, der Präzision des Holzbaus und den Befestigungsmöglichkeiten. Im Falle vom Stadthaus ist im Erdgeschossbereich der Aufzugschacht

VOR ORT

The building is clad in lightweight cementitious tile produced by Eternit using waste wood fibre.

Die Fassade besteht aus leichten Faserzement- Platten von der Firma Eternit.

a cladding system a new line is required from which the contractors must then work back into the building. Concrete is by contrast a costly and inherently less accurate method of building: when each floor slab, wall and column is individually cast on site, every element will be slightly different. Over a nine-storey building

aus Stahlbeton und erst ab dem ersten Obergeschoss aus Brettsperrholz, genauso wie bei der restlichen Gebäudestruktur. Auch die Treppenhausschächte und Plattformen sind aus Brettsperrholz, die Treppenläufe sind jedoch als Stahlkonstruktion vorgefertigt und wurden in den Montageablauf der Treppenhäuser integriert und mit demselben Mobilkran gleich positioniert.

the cumulative effect of these discrepancies can be problematic.

Timber construction comes with its own concerns, but they are comparatively few. The final waterproofing of the external envelope is important for example, as any build-up of moisture behind the façade can cause problems. Condensation checks through the walls, the roof and window detailing were carried out by and agreed with KLH at regular periods throughout the construction.

Working with prefabricated panels required all drawings to be carefully worked through before the panels were fabricated: all service runs (ventilation ducts, gas pipes, boiler flues, electrical incoming supplies) had to be pre-planned and cut out. This meant that the services engineer had to accurately locate the service runs, because once set out the sub-contractor would have limited scope for changing the service routes.

It was considerably easier to incorporate minor changes to the design on-site than it would have been in the case of a concrete building. For example, during the construction of Stadthaus the architects needed to increase the fall for a flue pipe slightly on every unit where this passed through the external wall panel – a task achieved with a hand saw.

Stadthaus was conceived primarily to further the development of timber architecture. The carbon savings are invisible and require long-term thinking – the pleasure of working in wood, however, was both instantly gratifying and hugely encouraging to all involved.

Da jede einzelne Boden– und Wandplatte vorgefertigt war, sind die Toleranzen nur minimal – sie lagen bei +/- 1 mm pro Element. Alle Durchbrüche für die Gebäudeversorgung wurden von vornherein eingeplant und positioniert, ebenso wie alle Tür– und Fensteröffnungen.

Vorgehängte Fassaden erfordern hohe Genauigkeiten in der Vertikalen und Horizontalen. Der Holzbau Stadthaus weist, lt. Auskunft des Generalunternehmers eine Abweichung von max 5 mm über alle Stockwerke gemessen auf. Diese Präzision ist vorbildlich und vereinfacht die Arbeit eines Fassadenbauers erheblich und ist mit herkömmlicher Bauweise kaum zu erreichen.

Ein Holzbau dieser Art hat seine Herausforderungen – wenn auch nur wenige. Details, Anschlüsse und Abdichtungen müssen mit maximaler Sorgfalt ausgeführt werden und während der Bauphase sollte auf einen temporären, der Bauzeit entsprechenden, Wetterschutz geachtet werden. Ein regelmässiges Feuchte-Messprotokoll ist sehr hilfreich.

Zur Freude von Architekten und Baufirmen ist es relativ einfach vor Ort Anpassungen vorzunehmen und Durchbrüche zu integrieren oder zu erweitern. Anders als beim Betonbau, war es völlig unproblematisch vor Ort kleinere Designänderungen vorzunehmen. Es empfiehlt sich im Sinne eines ökonomischen Ablaufs alle Öffnungen und Durchbrüche frühzeitig zu koordinieren und werksseitig einzubringen. Es spart Zeit und Unterbrechungen im restlichen Ablauf auch wenn der Einsatz von einer Holzsäge oder Holzbohrers erstmal recht bescheiden klingen.

Das Baumaterial Brettsperrholz ist revolutionär und letztendlich sind die eingesetzten Verfahren und Materialien auf erstaunliche und erfrischende Weise traditionell.

Die Freude mit Holz zu bauen war aber für das gesamte Team ein sehr direktes und sofortiges Erfolgserlebnis und ein ungeheurer Ansporn für weitere Taten.

Großbritannien hat sich für 2016 ehrgeizige Ziele gesetzt. Von 2016 an soll jeder in Großbritannien errichtete Neubau CO2 neutral sein! Energetisch und baustoffseitig. Derzeit schneidet der Gebäudebestand in Großbritannien bescheiden ab und stellt einen großen Anteil der Gesamt CO2 Eminssionen. Das ehrgeizige Ziel zu erreichen ist gleichzeitig ein Aufruf an die Industrie – Bauindustrie, Architekturindustrie in enger Kooperation untereinander und mit der Politik neue Wege zu wagen.

Um weiter voran zu schreiten wird sich die Bauindustrie mehr und mehr auch neuen Materialen wie dem Brettsperrholz annehmen und die erforderlichen Fachkenntnisse und Kompetenzen aufbauen müssen, und somit die Weiterentwicklung in der Verwendung und der Verbreitung zu forsieren.

At present the construction and management of buildings is the biggest source of pollution in the UK, contributing just short of half of the country's carbon dioxide emissions. The targets to deliver mainstream zero carbon

FUTURE

homes from 2016 are tough but necessary, and to meet them a collaborative approach is essential between developers, architects, industry leaders and Government.

While the successful implementation of microgeneration and renewable energy technologies is effective in reducing emissions, it is only one part of the need for more comprehensive strategies. Meanwhile poor and ill-considered use of technology can worsen the situation – with greater pollution resulting from the manufacture of green solutions than can be saved within their lifespan. Stadthaus is an

example of how timber architecture might provide a new lead in substantial carbon reductions in building.

In order to move forward, however, industry must embrace the material and commit to developing the necessary expertise and working knowledge that will take it to the next level safely and cost effectively.

Waugh Thistleton strongly believes in the inherent efficiency of high-density housing. Confident that timber represents a way forward for carbon-neutral building, the architect's next steps are to investigate how high it is possible to build in the material.

Forest is the next project under consideration – a twenty-five storey residential block in North London. The brief has inspired Waugh Thistleton and Techniker to establish a research team with the aim of furthering the possibilities of high-density timber building on four fronts: sustainability, architecture, engineering and costs. Funded by research grants, the ambition is to work with universities in the UK and Austria. Meanwhile Stadthaus will also continue to be used as a working model and be monitored by the team for movement, moisture and stress over the coming years.

Waugh Thistleton vertraut der Effizenz von verdichtetem Bauen, und sie sind davon überzeugt, dass der 'massive' Einsatz von Holz der richtige Schritt zu CO_2 neutralem Bauen ist.

Waugh Thistleton forschen weiter und wagen sich in neue Höhen. Die Frage ist, wie hoch kann man tatsächlich in einer 'Ganzholz' Bauweise gehen?

'Forest' ('Wald') ist das nächste Projekt das ansteht – ein 25 geschossiges Wohngebäude im Norden von London. Neue Ziele erfordern neue Wege und Waugh Thistleton hat daher mit Techniker Ltd eine Forschungsgesellschaft gegründet mit der Aufgabe die Möglichkeiten des Massivholzbaus auf folgenden vier Fronten zu verbessern: Nachhaltigkeit, Architektur, Technologie und Ökonomie. Die Gesellschaft wurde mit Forschungsmitteln

DER HOLZWEG – NEUER WEG?

ausgestattet und arbeitet mit britischen und österreichischen Universitäten, Institutionen und Firmen zusammen. Das Stadthaus bietet als sozusagen funktionierendes Modell ideale Möglichkeiten über einen längeren Zeitraum Materialfluss, Feuchtigkeitsverhalten und Druckbelastung etc. zu ermitteln und zu untersuchen.

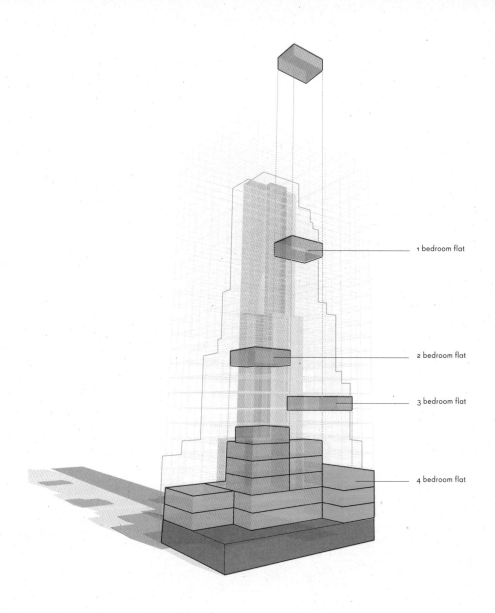

1 bedroom flat

2 bedroom flat

3 bedroom flat

4 bedroom flat

Computer generated image showing initial designs for Fore Street.

Fore Street – neue Dimensionen.

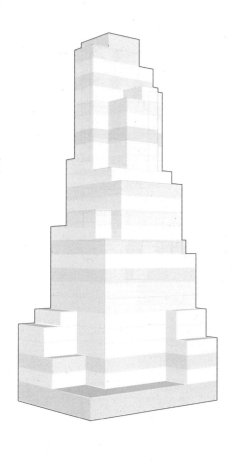

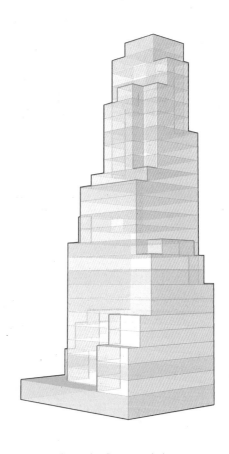

From the sustainability standpoint the chief issue that the partners are looking to resolve is that of the transportation of the timber. The manufacture of the cross-laminated timber is a closed loop process and the material had no impact on the carbon footprint of Stadthaus until it left the factory in Austria. The shipping, however, which involved twenty journeys at 1.7 tonnes of carbon dioxide per journey, would account for 36 tonnes of CO2 or 10 tonnes of carbon – an unnecessary

Die Herstellung des Brettsperrholzes ist ein in sich geschlossener Kreislauf, und hat somit keinen Einfluss auf die CO2 Bilanz vom Stadthaus. Die CO2 Bilanz wurde erst beeinflusst, als die Brettsperrholzplatten das Werk in Österreich verließen. 21 LKW–Fahrten waren erforderlich um ca. 900 m3 Holz nach London zu bringen. Der Transport verursachte dabei jeweils 1.7 t Kohlendioxid Emissionen pro Lieferung, also insgesamt knapp 36 t CO2, entsprechend etwa 10 t Kohlenstoff. Alle Projektbeteiligten sind sich über dieses weitere Optimierungspotential im Klaren.

Waugh Thistleton ist vom Holzvirus erfasst und plant weitere Objekte mit KLH Brettsperrholz zu bauen. Unter anderem eine Synagoge mit Sichtoberflächen innen, ein Hotel in vorgefertigter KLH Modulbauweise und ein lokaler Kinokomplex und noch weitere.

Im September 2008 organisierten die Architekten gemeinsam mit KLH eine temporäre Ausstellung dreier Holzmodule. Sie wurden zuerst auf dem Hoxton Square (East London) zu einem Turm aufgestapelt und dann auf einer Messe in Earls Court, im Westen der Stadt, transportiert, nebeneinander aufgebaut und untereinander ausgetauscht. Diese Ausstellung demonstrierte zum ersten Mal in London die Vielseitigkeit des Materials auch in modularer Form.

Die Architekturindustrie in Großbritannien ist gefordert vereint das ambitionierte Ziel 2016 nur noch CO_2 neutral zu bauen herangehen. Das Stadthaus hat den Grundstein für weitere ambitionierte herausfordernde Architekturkonzepte – in Holz gelegt. Die Verwendung von Holz als maßgebliches Baumaterial wird in naher Zukunft einfacher, basierend auf weiterer auch wissenschaftlicher Arbeit und zunehmender Professionalisierung der Technologie, Fertigungs, und Zertifizierungsprozesse.

Häuser aus Holz sind eine der natürlichsten 'Behausung' der Welt. Holz schafft angenehme, gesunde Räume die ihr Klima regulieren. Auf den Baustellen ist es ungewöhnlich ruhig und sauber, die Arbeitsbedingungen sind hervorragend und dennoch die Methoden traditionell. Die zum Bau gefällten Bäume werden wieder nachgepflanzt,

expenditure. Waugh Thistleton is keen to find ways to address this in future and is looking at the feasibility of localised plants.

The architects are actively seeking to further the possibilities of building with timber. Commissions in progress at the time of writing include a synagogue (in which KLH is left exposed), a hotel (constructed from prefabricated modules) and a cinema. In September 2008 the architects worked with KLH and Techniker to produce a temporary installation of three timber modules. These were first stacked up in Hoxton Square, North London, to form a tower, before being transported to Earls Court for a trade fair where they were rotated and displayed side by side, further demonstrating the versatility of the material.

The construction industry needs to ensure that there is a cohesive approach to meeting the ambitious 2016 target. It is important that the sector is equipped to make informed choices, based on sound science and safe technologies, backed up by effective testing and accreditation systems. Stadthaus has made significant progress in this, but there is more work to be done, and many more opportunities to explore.

Timber is the world's most natural form of shelter. It makes for beautiful, firm, peaceful spaces that breathe and regulate their temperature naturally. To build with it is to experience a quiet, adaptable construction site where the working conditions are humane and methods are traditional. The trees that are cut down to build with are replanted, and at the end of the building's life it can be dismantled and recycled.

It should come as no surprise that the Egyptians used a form of cross-laminated timber in the Pyramids. Today this highly evolved material presents incredible potential for a fresh approach to architecture and construction in the twenty-first century.

und sollte das Gebäude jemals das Ende seiner 'Lebenszeit' erreichen, kann es einfach demontiert und recycelt werden.

Wen wundert es also, dass schon im alten Ägypten eine Frühform von Brettsperrholz zum Bau ihrer Pyramiden verwendet wurde. Heute bietet dieses inzwischen weiterentwickelte Material ein unglaubliches Potential für eine neue Architektur und Bauweise. Moderne Holzwerkstoffe aus Vollholz – Baumaterial des 21ten Jahrhunderts.

Three pods stacked for the London Design Festival. Hoxton Square, September 2008.

Three pods stacked for the London Design Festival. Hoxton Square, September 2008.

Die meisten Neuentwicklungen in der Bauindustrie, sowohl im Holzbau als auch in all den anderen
Bereichen, sind häufig kleine Neuerungen oder Verbesser-
ungen zu bereits bestehenden Verfahren und Materialien.
Manchmal gibt es jedoch Entwicklungen die aufgrund ihrer
erheblichen Vorzüge einen deutlichen Unterschied machen

AFTERWORD

Most developments in construction
techniques – in timber as in other fields –
occur as small improvements to an existing
technology. Occasionally, however, an idea
emerges which forms a step change in our
idea of the possible. Such was the case at
Stadthaus in East London, where the design
team have not only put forward a new approach to multi-storey timber construction, but
have successfully built a nine-storey prototype.

und zum Umdenken aufrufen. Das Stadthaus im Osten
Londons ist so ein Fall. Das Design Team hat nicht nur
neue Wege beim mehrgeschossigen Holzbau eingesch-
lagen, sondern gleich erfolgreich einen neun-geschossigen
Prototyp erstellt.

As we have seen, the principle of the construction was based on forms, which are not in themselves new. Cross-laminated timber consists of layers of boards set in alternate directions and glued together (in effect plywood writ large) and has been commercially available for some ten years. Platform frame construction has been used for timber housing since the fifties – each storey is made up of floor-to-ceiling panels, overlain with a floor deck, which becomes the 'platform' for the next storey. Conventionally, the panels were framed up and stabilised with a board material. In recent years some framers have been exploring the potential for building above the conventional four-storey limit. At Stadthaus, the trick has been to make both the wall and floor panels from cross-laminated material (which is essentially solid timber), thus achieving both significant strength gains and increased dimensional stability.

The text of this book deals with the major technical and environmental issues in relation to multi-storey timber construction, and it is clear that even at eight storeys the structural limit of the system has not been reached. The authors have been generous with information, and I look forward with interest to their future work.

Peter Ross
Consultant Arup
President TRADA

Der Leitgedanke geht auf zwei bereits bekannte Konstruktionsmethoden zurück. Zum einen auf Kreuzlagenholz/Brettsperrholz, das sich aus mehreren kreuzweise übereinander – geleimten Brettern zusammensetzt und seit ca. 10 Jahren auf dem Markt erhältlich ist, und zum anderen aus der im Holzrahmenbau üblichen Plattformbauweise. Der Holzrahmenbau wurde besonders seit den 50er Jahren beim Hausbau eingesetzt. Ein 'Holzgerüst' wird von beiden Seiten beplankt und trägt eine Holzdecke und schafft somit die Plattform für das nächste Stockwerk. In den letzten Jahren wurden viele Versuche unternommen die magische vier Geschossgrenze zu durchbrechen. Durch den Einsatz von Kreuzlagenholz in Wand und Decke ist dies beim Stadthaus problemlos gelungen.

Dieses Buch beschreibt die technischen und ökologischen Begebenheiten und Bedingungen bei der Errichtung von mehrgeschossigen Holzbauten. Wir können

SCHLUSSWORT

davon ausgehen, dass die Grenze des Machbaren im Holzbau mit acht Geschossen noch nicht erreicht ist. Die Autoren gewähren einen Einblick in ihr umfangreiches Wissen und ich werde ihre Arbeit mit Spannung auch in der Zukunft beobachten.

Architect Waugh Thistleton Architects
Structural Engineer Techniker
Timber supplier KLH UK
Client Metropolitan Housing Trust / Telford Homes
Sustainability expert Michael Popper Associates
Planning Consultant CMA Planning
Author Henrietta Thompson
Translator Andrea Friedrich
Photography Will Pryce
CGIs Smoothe
Afterword Peter Ross
Design Murray & Sorrell FUEL

Special thanks to Gehard Richter for granting permission to reproduce his work 'Abstraktes Bild, 1999 (CR 857-3)'

Printed on uncoated 100 % Cyclus Offset and Coated Symbol Free life white gloss, using K&E Novavit F918 Supreme Bio ink (a vegetable oil based ink) and Fuji ProV Platte printing plates. No chemicals were used in the printing process, giving a reduction in water consumption of 30 litres per plate. The ink vehicle systems are based on 100 percent naturally renewable raw materials.